T0198678

essentials

essentials liefern aktuelles Wissen in konzentrierter Form. Die Essenz dessen, worauf es als „State-of-the-Art" in der gegenwärtigen Fachdiskussion oder in der Praxis ankommt. *essentials* informieren schnell, unkompliziert und verständlich

- als Einführung in ein aktuelles Thema aus Ihrem Fachgebiet
- als Einstieg in ein für Sie noch unbekanntes Themenfeld
- als Einblick, um zum Thema mitreden zu können

Die Bücher in elektronischer und gedruckter Form bringen das Expertenwissen von Springer-Fachautoren kompakt zur Darstellung. Sie sind besonders für die Nutzung als eBook auf Tablet-PCs, eBook-Readern und Smartphones geeignet. *essentials:* Wissensbausteine aus den Wirtschafts-, Sozial- und Geisteswissenschaften, aus Technik und Naturwissenschaften sowie aus Medizin, Psychologie und Gesundheitsberufen. Von renommierten Autoren aller Springer-Verlagsmarken.

Weitere Bände in dieser Reihe http://www.springer.com/series/13088

Wolfgang Lehmacher

Steht unsere Versorgung auf dem Spiel?

Über terroristische Bedrohungen
entlang der Supply Chain

Wolfgang Lehmacher
Bonn, Deutschland

ISSN 2197-6708   ISSN 2197-6716 (electronic)
essentials
ISBN 978-3-658-14687-0   ISBN 978-3-658-14688-7 (eBook)
DOI 10.1007/978-3-658-14688-7

Die Deutsche Nationalbibliothek verzeichnet diese Publikation in der Deutschen National-
bibliografie; detaillierte bibliografische Daten sind im Internet über http://dnb.d-nb.de abrufbar.

Springer Gabler
© Springer Fachmedien Wiesbaden 2017

Gedruckt auf säurefreiem und chlorfrei gebleichtem Papier

Springer Gabler ist Teil von Springer Nature
Die eingetragene Gesellschaft ist Springer Fachmedien Wiesbaden GmbH

Was Sie in diesem *essential* finden können

- Hintergrund: Wer steht hinter den Terroranschlägen?
- Risiko-Szenarien: Was sind die Bedrohungen entlang der Supply Chain?
- Sicherheitsmaßnahmen: Wie lässt sich die Lieferkette schützten?
- Technologie: Welche Rolle spielen Supply Chain Visibility, soziale Medien und Big Data?
- Vorschriften und Verantwortungen: Was sind die wesentlichen Vorschriften und welche Rolle haben die einzelnen Beteiligten?

Vorwort

Ein Schlag trifft gewöhnlich dort am härtesten, wo er am wenigsten erwartet wird. Zu dieser Kategorie der eher unwahrscheinlicheren terroristischen Ziele kann auch die Supply Chain gezählt werden. Grund genug, sich angesichts der aktuellen Entwicklungen die Bedrohungen entlang der Lieferkette einmal genauer anzusehen.

Die Supply Chain, auch Lieferkette genannt, ist die Lebensader von Wirtschaft und Gesellschaft. Sie sichert tagtäglich unsere Versorgung. Sie versorgt Fabriken, Handel und Haushalte. Sie bringt Rohstoffe, Maschinen, Ersatzteile, Nahrungs- und Arzneimittel, Waschpulver und vieles mehr – kurzum alles, was Wirtschaft und Gesellschaft benötigen. Diese Funktion, einschließlich der daraus resultie- renden möglichen Folgen eines Anschlags für unsere lebenswichtige Versorgung, macht die Supply Chain zum potenziellen terroristischen Ziel.

Der Schutz vor Terrorismus erfordert Wissen, Fertigkeiten und den Einsatz modernster Technologie.

Was wissen wir über die Terrormilizen? Welche Motive stehen hinter den Attentaten? Wo liegen die Ursprünge der neuen Gewalt, die uns seit gut 15 Jah- ren begleitet? Wie gehen Terroristen vor und welche Ziele wählen sie aus wel- chen Gründen aus? Was bedeutet dies für die Supply Chain? Wie können sich die Akteure entlang der Supply Chain und in ihrem Umfeld schützen? Was sind die Voraussetzungen, was ist der Preis der Sicherheit?

Diesen und weiteren Fragen geht dieses *essential* nach. Um es vorweg zu neh- men: Die Bedrohungen entlang der Supply Chain sind real. Allerdings erscheint die Wahrscheinlichkeit eines Anschlags aufgrund der Komplexität der Lieferkette und der vergleichsweise geringen Medienwirkung niedrig. Dennoch sind die sogenannten ‚schwarzen Schwäne‘, also die äußerst unwahrscheinlich erschei- nenden Ereignisse, wozu auch Anschläge auf die Supply Chain gezählt werden können, von besonderer Tücke.

Staaten und Unternehmen schützen sich seit Jahren im Rahmen ihrer Sicherheitsstrategien vor den Auswirkungen von Naturkatastrophen, vor Kriminalität
und auch vor Terrorismus. Nach dem Anschlag auf die Twin Towers im Jahre
2001 wurden die Sicherheitsvorkehrungen weiter verschärft. Primäres Ziel ist es,
Bedrohungen bereits im Vorfeld zu erkennen und Anschläge zu verhindern. Der
Kampf gegen den Terrorismus ist ein Wettlauf. Dabei spielen moderne Technologien, soziale Medien und Big Data sowie die internationale Zusammenarbeit von
Sicherheits- und Nachrichtendiensten eine entscheidende Rolle. Denn jede neue
Technologie hilft nicht nur den Fahndern, sondern auch den Terroristen.

Dieses *essential* richtet sich an Manager in Industrie, Handel und Logistik
sowie an Politiker und Akteure in Verwaltungen und Behörden, die sich mit den
Risiken und der Entwicklung von Sicherheitsstrategien entlang der Lieferkette
beschäftigen, sowie an die am Thema Sicherheit interessierte Öffentlichkeit.

Die Analyse zeigt anhand vieler praktischer Beispiele, dass die Supply
Chain zwar zahlreichen Bedrohungen ausgesetzt, aber auch bereits weitgehend
geschützt ist.

Die im *essential* ausgeleuchteten Risiko-Szenarien liefern Indikationen für
Risiko-Potenziale und Anhaltspunkte für die mögliche Erweiterung aktueller
Sicherheitsstrategien. Darüber hinaus wird nahegelegt, das Thema Sicherheit
entlang der Supply Chain auch im Zusammenhang mit der Kernfunktion der
Lieferkette – der Versorgung von Wirtschaft und Gesellschaft – zu betrachten.
Diesbezüglich zeigt das *essential* auf, dass die Balance zwischen Personen- und
Anlagenschutz einerseits und Versorgungssicherheit und Wirtschaftlichkeit ande-
rerseits im Interesse aller gefunden werden sollte.

Bonn, Deutschland   Wolfgang Lehmacher

Inhaltsverzeichnis

Kontext und Risiko-Analyse

1

Brüssel, 22. März 2016. Innerhalb von etwa einer Stunde erfolgen zwei Bombenanschläge – zunächst auf dem Brüsseler Flughafen Zaventem und anschließend in der Metrostation Malbeek, nur wenige Schritte von den Zentralen der Europäischen Union entfernt. 34 Menschen sterben, darunter drei Selbstmordattentäter, 300 werden verletzt. Es ist der dritte Anschlag innerhalb kurzer Zeit: Wenige Monate zuvor, am Freitag, den 13. November 2015, werden in Paris durch einen terroristischen Anschlag 130 Menschen ohne Vorwarnung getötet und 352 verletzt, 97 von ihnen schwer. Am 7. Januar 2015 ereignet sich in Paris der Anschlag auf die Satire-Zeitschrift *Charlie Hebdo*.

Mit diesen Anschlägen hat der Terror in Europa wieder einen Höhepunkt erreicht. Denn neu sind terroristische Anschläge in Europa keineswegs – vergessen scheinen im Lichte der aktuellen Diskussion die Terrorwellen, die Europa von 1970 bis Mitte der 1990er Jahre heimsuchten. Der Eindruck vieler Menschen, dass der Terror in Europa effektiv zugenommen hat, mag täuschen [1].

1985 explodieren in einer Reihe von mindestens acht Terroranschlägen in Pariser Zügen drei Bomben. Sieben Menschen sterben, 160 werden verletzt [2]. Verübt werden die Anschläge von der *Groupe Islamique Armé* (GIA), die von 1993 bis 2005 in Algerien und seit Ende 1994 in Frankreich aktiv ist. 1998 geht aus ihr die *Salafistengruppe für Predigt und Kampf* hervor, die rund 700 Anhänger um sich sammelt. Diese Gruppe vernetzt sich 2007 mit *al-Qaida* [3]. Neu ist der *Daesh*, die Abkürzung für *„Al-daula al-Islamija fi-l-Iraq wa-l-Scham“*.[1] Bekannter ist diese Terrorgruppe unter dem Namen *Islamischer Staat.*

---

[1]Daesh ist in Europa allgemein als IS bekannt. Um die Terrormiliz nicht unfreiwillig bei ihrer Propaganda zu unterstützen, wird auf diese Bezeichnung in diesem Buch verzichtet. Mehr dazu unter http://www.sueddeutsche.de/politik/terrororganisation-warum-der-name-Daesh-den-islamischen-staat-aergert-1.2745175, abgerufen am 12.12.2015.

© Springer Fachmedien Wiesbaden 2017
W. Lehmacher, *Steht unsere Versorgung auf dem Spiel?*, essentials,
DOI 10.1007/978-3-658-14688-7_1

Im März und April 2012 schlägt der Terrorismus in Toulouse, Montauban und in der Region Midi-Pyrénées im Süden Frankreichs zu. Jedoch nicht nur Frankreich und Belgien sind Ziele terroristischer Anschläge. Auch in anderen europäischen Ländern werden Terrorakte verübt: 2004 explodieren in Madrider Vorortzügen zehn Sprengsätze. 191 Menschen kommen ums Leben, 2051 Personen werden verletzt, 82 von ihnen schwer [4]. Auch in London wird der öffentliche Nahverkehr Ziel von Terroristen: Am 7. Juli 2005 ereignen sich durch Selbstmordattentäter verursacht vier Explosionen während des Berufsverkehrs. 38 Menschen werden getötet, über 700 verletzt [5].

Terrorismus ist ein globales Phänomen: 2014 kommen weltweit über 32.650 Menschen durch Anschläge ums Leben. Dies sind 80 % mehr als in 2013. Vor allem Länder wie Afghanistan, Irak, Nigeria sowie Pakistan und Syrien sind betroffen. Allein im Irak liegt 2014 die Zahl der Todesopfer bei fast 10.000. Auch in Somalia, der Ukraine, im Jemen, in der Zentralafrikanischen Republik, dem Südsudan und Kamerun ist die Bevölkerung terroristischen Gewalttaten ausgesetzt. Hauptakteure sind dabei die Terrorgruppen *Daesh* und *Boko Haram*. Letztere bekennt sich im März 2015 offiziell zum *Daesh* [6].

1.1   Die jüngere Geschichte des Terrors

Wo liegen die Ursprünge der neuen Gewalt, die uns seit gut 15 Jahren begleitet? *Boko Haram* hat seine Wurzeln in Nigeria. Die 2002 gegründete und zunächst friedlich agierende Gruppe hat vor allem aufgrund der politischen und sozialen Zustände im Norden Nigerias Zulauf erhalten: Armut und Arbeitslosigkeit sind hier höher als in anderen Landesteilen, zudem ist die Gesellschaft ethnisch und religiös zersplittert.

Die Radikalisierung von *Boko Haram* vollzieht sich ab 2009. Ziel der Gruppe ist die Bekämpfung des nigerianischen Staates. Beinahe wöchentlich ereignen sich mittlerweile Angriffe auf staatliche Einrichtungen wie Polizeistationen, Universitäten und Schulen. Aber auch Kirchen sind im Visier der Terrormiliz. Unterstützt wird *Boko Haram* von der *al-Qaida*, deren nordafrikanischem Ableger *AQMI* (Organisation al-Qaïda au Maghreb islamique), der somalischen *al-Schabab* und dem *Daesh* [7].

Dieser entwickelt sich aus der Terrorgruppe *Jama' et al.-Tawid wal-Jihad*, die nach dem Sturz des irakischen Diktators Saddam Hussein im Jahre 2003 von dem Jordanier Abu Musab al-Sarkawi gegründet wird. Die sunnitische Extremistengruppe kämpft gegen die schiitische Bevölkerungsmehrheit und die US-Amerikaner im Irak. Im Oktober 2004 schwört al-Sarkawi dem al-Qaida-Führer Osama bin Laden die Treue und benennt die Gruppe *al-Qaida im Irak* (AQI). Im Juni 2006 wird al-Sarkawi bei einem gezielten US-Luftangriff getötet. Sein Nachfolger ist der Ägypter Abu Ayyub al-Masri. Ab Oktober 2006 – basierend auf einem Bündnis der al-Qaida im Irak mit sunnitischen Stämmen und Aufständischen – wird der sogenannte *Islamische Staat im Irak* ausgerufen (ISI). Nach dem Zusammenschluss von ISI mit der Gruppe *Jabhat al-Nusra* in Syrien im Jahre 2013 folgt die Bezeichnung *Islamischer Staat im Irak und in Großsyrien* (ISIS), auch *Daesh* genannt (Al-daula al-Islamija fi-l-Iraq wa-l-Scham) [8].

2010 stirbt auch al-Masri durch einen Luftschlag der USA. Seinen Platz nimmt Abu-Bakr al-Bagdadi ein. Der Abzug der amerikanischen Truppen aus dem Irak, der Arabische Frühling sowie die Ablehnung des syrischen Machthabers Baschar al-Assad in breiten Teilen der Bevölkerung bestimmen die Dynamik in der Region. *Daesh* gelingt es, die Stadt Rakka sowie weitere Landstriche in dem Gebiet des vom *Daesh* geplanten Kalifats in ihre Gewalt zu bekommen [9].

Bekämpft wird die Terrorgruppe heute – neben Russland, dessen militärisches Engagement speziell in Syrien seit September 2015 von der westlichen Öffentlichkeit jedoch sehr ambivalent diskutiert wird [10] – von einer internationalen Staatengemeinschaft, die sich im September 2014 formiert hat. Zu den zehn Ländern des Bündnisses gehören neben Deutschland die USA, Großbritannien, Italien, Kanada, Australien, Dänemark, Polen und die Türkei [11]. Auch Frankreich gehört zu dieser Gemeinschaft – und dies bereits im Vorfeld der Anschläge im November 2015: Die ersten Luftangriffe gegen *Daesh* in Syrien erfolgten Ende September 2015. Zuvor hatte sich Frankreich im Irak an der Koalition gegen die Terrormiliz beteiligt [12].

Neben *Boko Haram* und *Daesh* gibt es eine Vielzahl weiterer Terrormilizen. So kämpft beispielsweise die Terrororganisation *Jabhat al-Nusra* in Syrien gegen *Daesh* und das Assad-Regime. Sie gehört zu *al-Qaida* und gilt dort als zahlenmäßig schlagkräftigste Regionalorganisation. Um ihre Ziele zu erreichen, kooperiert sie auch mit Gruppen, die nicht zu *al-Qaida* gehören. 2014 drohte *Jabhat al-Nusra,* den Terror nach Europa und in die USA zu tragen [13].

In Somalia und den umliegenden Ländern ist die islamistische Terrorgruppe *Harakat al-Shabab al-Mujahedin* aktiv – kurz *al-Shabab* genannt. Sie entwickelte sich im Zuge der äthiopischen Militärintervention in Somalia und zählt seit Ende 2006 zur dominierenden Terrororganisation in der Region.

Zahlreiche ausländische Kämpfer, auch aus westlichen Staaten, geben der terroristischen Bedrohung eine globale Dimension. Die Kämpfer wandern zwischen den Gruppen. Wie andere Gruppierungen sieht sich daher auch *al-Shabab* damit konfrontiert, dass Kämpfer nach Syrien und Irak abwandern [14].

1.2   Mögliche Ziele

Wenngleich *Boko Haram* und *Daesh* ursprünglich vor allem in Afrika und im Nahen Osten aktiv sind, rückt auch Europa zunehmend in den Fokus. Mittlerweile wird offen zu Anschlägen in europäischen Ländern aufgerufen – unter anderem zu Terrorakten gegen den deutschen Flughafen Köln/Bonn oder das Kanzleramt in Berlin [15]. Europa spürt den Terror aber nicht nur in Form von (potenzieller) Gewalt. Auch die gegenwärtigen Flüchtlingsströme gen Europa sind die Folge von Bürgerkrieg und Terror in den Heimatländern. Die Migration ist angesichts des herrschenden Arbeits- und Fachkräftemangels in Europa eine Chance, da u. a. Ingenieure und Ärzte sowie weitere gut ausgebildete Arbeitskräfte einwandern. Zudem ist über die Hälfte der Asylbewerber jünger als 25 Jahre – bei den Deutschen ist dies nur ein Viertel. Der Zuzug aus Syrien, Eritrea und anderen Ländern kann dabei helfen, dem demographischen Wandel in den alternden Gesellschaften entgegenzuwirken [16]. Die aktuellen Trends in Bezug auf den Anstieg terroristischer Aktivitäten in Europa zeigen jedoch, wie wichtig eine strukturierte Vorgehensweise seitens der Staaten ist. Dabei sollten allerdings der Respekt und das Mitgefühl für die Neuankömmlinge nicht leiden.

Gefährdete Regionen

Die Terroranschläge in Europa sind nicht unabhängig vom Einsatz westlicher Kräfte in Syrien zu sehen. Laut Bundesnachrichtendienst (BND) trägt der *Daesh* die Gewalt gezielt in die Heimat der Streitkräfte, die ihn bekämpfen [17]. Die steigenden terroristische Bedrohungen, die große Zahl der Flüchtlinge, die Annexion der Krim und der Konflikt in der Ost-Ukraine stellen Europa vor signifikante Herausforderungen [18].

Es gibt aber auch eine Bewegung von Europa in Richtung Naher Osten, speziell nach Syrien: Rund 5000 Dschihadisten kommen aus Westeuropa, unter anderem aus Deutschland. Insgesamt sollen im Dezember 2015 etwa 27.000 bis 31.000 sogenannte fremde Kämpfer aus 81 Ländern den *Daesh* oder andere extremistische Gruppen in Syrien und dem Iran unterstützt haben [19]. Sie lassen sich von der Terrororganisation ausbilden, kämpfen im Nahen Osten oder stellen sich als Selbstmordattentäter zur Verfügung – für Terrorakte in Syrien, aber auch in Europa. Die Anschläge in Paris im November 2015 wurden ausschließlich von Menschen begangen, die in Europa aufgewachsen sind.

Terrorziel Supply Chain

Dabei bleibt die Supply Chain nicht unbeeinträchtigt – als die Lebensader moderner Lebens und Wirtschaftens ist sie potenzielles Ziel der Terroristen. Denn wird die Lieferkette unterbrochen, sind Gesellschaft und Wirtschaft insgesamt in Gefahr. Dabei ist es zunächst völlig unerheblich, an welcher Stelle die Lieferkette getroffen wird. Das schwächste Glied bestimmt die Leistungsfähigkeit des Gesamtsystems. Kaum ein größeres Unternehmen kann heute mehr ohne termingerechte Zufuhr, ohne die Anknüpfung an die globale Supply Chain auskommen. Die Zahl der multinationalen Unternehmen ist in den letzten 50 Jahren von 7000 auf fast 104.000 gestiegen. Experten erwarten, dass ihre Zahl bis 2020 auf voraussichtlich 140.000 anwachsen wird [20]. Die Geschäftsmodelle vieler multinationaler Unternehmen basieren weitgehend auf globalen Beschaffungs-, Produktions- und Distributionsnetzen.

Was bedeutet dies für die Verantwortlichen in Logistik, Produktion und Handel? Was heißt dies für Regierungen, Verwaltungen und internationale Organisationen?

Anschläge auf Verkehrsmittel und die Verkehrsinfrastruktur gibt es schon seit langem. So sollen am 23. September 1848 Revolutionäre im Rahmen der Badischen Revolution Kleineisen an den Bahnschwellen gelöst und ein Gleisjoch untergraben haben. Als Folge entgleisen zwei Lokomotiven, die einen Leerzug ziehen, und stürzen vom Bahndamm [21]. Nicht nur in Europa sind Züge bis heute Angriffsziele der Terroristen: Im April 2014 sterben in Pakistan 16 Menschen bei einem Bombenanschlag der Terrororganisation *United Baluch Army* auf den *Jaffar Express* im Bahnhof von Sibi [22].

Auch Flugzeuge werden regelmäßig zum Ziel. Am 2. Februar 2016 detoniert eine Bombe in einem Flugzeug, das eine Viertelstunde zuvor Somalia verlassen hat. Glück im Unglück: Zwar wird das Flugzeug beschädigt, allerdings gibt es außer dem Selbstmordattentäter keine Toten oder Verletzte. Der Passagier, der die Bombe an Bord schmuggelte, wurde durch die von der Explosion verursachte Öffnung in der Flugzeughaut herausgesaugt [23]. Im Dezember 2009 wird ein Anschlag auf ein US-Flugzeug verhindert [24]. Weniger Glück haben die Passagiere an Bord des russischen Passagierflugzeugs, dessen Absturz am 31. Oktober 2015 über Sinai 224 Menschen das Leben kostet. Während Russland, Großbritannien und die USA von einem Terrorakt ausgehen – zu dem sich *Daesh* bekannt hat – sehen die ägyptischen Behörden keinen diesbezüglichen Hinweis [25]. Anfang September 2010 stürzt ein Frachtflugzeug auf dem Weg von Dubai zum Flughafen Köln/Bonn aufgrund einer Paketbombe kurz nach dem Start ab. *Daesh* bekennt sich zum Anschlag [26]. Eine weitere Paketbombe sollte von Jemen aus über Deutschland in die USA gelangen. Das Paket wird in Köln/Bonn bei der Umladung entdeckt und abgefangen [27].

In der Seeschifffahrt ist neben direkten Angriffen auch die Kooperation zwischen Piraten und Terroristen eine der Bedrohungen. Rolf Tophoven, Direktor des *Instituts für Terrorismusforschung & Sicherheitspolitik* in Essen, nennt als Beispiel die Entführung eines indonesischen Öltankers am nördlichen Eingang der Malakka-Straße durch Separatisten aus der früheren Unruheprovinz Aceh im Juni 2004. Gebraucht wird die Beute zur Finanzierung des Sezessionskrieges gegen die indonesische Regierung. Die Bewegung *Free Aceh* soll Kontakte zu dem indonesischen Terrornetzwerk *Jemaah al-Islamiyah* unterhalten, das im Oktober 2002 die Bombenanschläge auf Bali verübte. Zwei Jahre vorher wird der Zerstörer USS Cole während eines Tankstopps im Hafen von Aden (Jemen) mit einem sprengstoffbeladenen Boot von einem zweiköpfigen Selbstmordkommando angegriffen. 17 Seeleute kommen ums Leben, über 30 werden zum Teil schwer verletzt [28].

1.3 Die Einschätzung des Risikos

Das Risiko, Ziel eines terroristischen Anschlags zu werden, ist in den Ländern gestiegen, die sich an Aktionen gegen den *Daesh* beteiligen. Damit auch in Deutschland: Die Bundeswehr unterstützt mit einer Fregatte und sechs Aufklärungsflugzeugen vom Typ Tornado die französischen Streitkräfte.

Die (globale) Supply Chain ist so leistungsfähig wie ihr schwächstes Glied. Aufgrund der Teilnahme von Ländern wie den USA, Australien, Bahrain, Belgien, Dänemark, Frankreich, Großbritannien, Jordanien, Italien, Katar, Niederlande, Russland, Saudi-Arabien, der Türkei und den Vereinigten Arabischen Emiraten an Aktionen gegen den *Daesh* scheint die Annahme gerechtfertigt, dass die globale Lieferkette insgesamt gefährdet ist. Denn Rohstoffe werden ebenso unter nationalen Flaggen über die Weltmeere transportiert wie Ersatzteile und fertige Produkte. Bei der Luftfracht können die jeweiligen Flag-Carrier – unabhängig davon, was sie transportieren oder von welchem Flughafen sie starten – zum Ziel werden.

Die Bedrohungen der Supply Chain sind reell. So standen für den *Daesh* anfangs militärische Ziele im Vordergrund – die zur Errichtung und Kontrolle des angestrebten sogenannten Kalifats benötigt werden – und nicht, wie bei *al-Qaida*, Menschen und Institutionen. Dies hat sich, wie die Anschläge in Paris und Brüssel zeigen, geändert [29].

Die Terrororganisation *Daesh* nutzt das gesamte Spektrum der Medienland-schaft zur Verbreitung ihrer Botschaften. Die regelmäßigen Berichte über Hin-richtungen und Kämpfe sind Produkte einer durchdachten und umfassenden PR-Strategie, die 30 bis 40 sogenannte Propagandaeinheiten am Tag umfasst. Dazu gehören Videos, Audios, Textbotschaften und Bilder, die vor allem über soziale Medien verbreitet werden [30]. Aber auch über ein eigenes englischspra-chiges Magazin (Dabiq). Die Angriffe des Westens werden in diesen Propagan-daeinheiten ebenso wie die (vermeintlichen) Erfolge der Terrormiliz gezielt dazu genutzt, neue Unterstützer zu gewinnen – im Osten wie im Westen.

Infolge der Verunsicherung der Bürger stellt sich die Frage, wie lange die Frei-räume des Westens, beispielsweise das Schengen-Abkommen – und damit das „grenzenlose" Europa –, noch aufrecht erhalten werden können. Eine vorüberge-hende Aussetzung des Abkommens droht. Ende 2015/Anfang 2016 sind geschlos-sene Grenzen nicht nur wieder Realität – es wird auch über den Ausschluss Griechenlands aus dem Schengen-Raum und über die Errichtung von Zäunen entlang grüner Grenzen diskutiert. Ungarn setzt diese Ideen im Juni–September 2015 prompt in die Tat um. Setzt sich die Strategie der geschlossenen Grenzen durch, schadet dies in erheblichem Maße der Wirtschaft und damit auch den Bürgern. Nach den Berechnungen von *France Stratégie,* einer regierungsnahen Denkfabrik aus Frankreich, würde das Ende von Schengen Europa in einem Zeit-raum von zehn Jahren etwa 110 Mrd. EUR kosten [31].

Trotzdem kann es ein einfaches „Weiter so" nicht geben. Europa muss seine Sicherheitsstrategie überdenken, bestehende Konzepte überprüfen und bestehende Sicherheitsmaßnahmen erweitern oder neue Vorkehrungen ergreifen – auch zur Sicherung der Lieferkette. Die Regierungen sind sich der Bedeutung der Supply Chain bewusst. So hat die Bundesregierung bereits 2009 den Sektor Transport und Verkehr im Rahmen der *Nationalen Strategie zum Schutz kritischer Infra-strukturen* als einen kritischen Faktor identifiziert [32]. Laut Definition der Bun-desregierung handelt es sich bei kritischen Infrastrukturen um:

„Organisationen oder Einrichtungen mit wichtiger Bedeutung für das staatliche Gemeinwesen, bei deren Ausfall oder Beeinträchtigung nachhaltig wirkende Versor-gungsengpässe, erhebliche Störungen der öffentlichen Sicherheit oder andere dra-matische Folgen eintreten würden [33]".

Um eine dezidierte Strategie zu erarbeiten, wird der Sektor Transport und Verkehr in die Bereiche Luftfahrt, Seeschifffahrt, Binnenschifffahrt, Schienenverkehr, Straßenverkehr und Logistik unterteilt. Gefahr droht dabei aus Sicht des Bundes-ministeriums für Verkehr und digitale Infrastruktur vor allem durch potenzielle

Anschläge auf Verkehrsträger oder durch die Verwendung von Verkehrsmitteln als Waffe – beispielsweise Flugzeuge wie bei dem Anschlag auf die Twin Towers geschehen oder auch mit Sprengstoff beladene Lkw, die beispielsweise an einem dicht besiedelten bzw. gut besuchten Ort geparkt sind.

Neben den direkten Auswirkungen auf die Supply Chain fallen auch indirekte Folgen infolge staatlicher Sicherheitsmaßnahmen ins Gewicht. Ein Beispiel sind die Anschläge auf die Twin Towers am 11. September 2001. So verzeichnen Ford, General Motors und DaimlerChrysler in Detroit mehrere Tage Versorgungseng-pässe, weil Lieferungen aus dem Ausland nicht die amerikanischen Landesgren-zen passieren können [34]. Bei den Automobilherstellern kommt es dadurch zu Produktionsunterbrechungen und folglich zu erheblichen finanziellen Einbußen. Von der Schließung der Grenzen, den Einschränkungen bei den Flugreisen und dem Evakuieren von Gebäuden im gesamten Land sind auch zahlreiche andere Unternehmen betroffen [35]. Nach den Anschlägen vom 11. September 2001 werden die Sicherheitsmaßnahmen verstärkt. Obwohl vor allem der Schutz von Personen im Fokus steht, werden auch zahlreiche Vorschriften in den verschiede-nen Bereichen der Supply Chain um den Faktor Terror ergänzt [36].

Auch die Maßnahmen, die auf das Attentat in Paris folgen, bleiben nicht ohne wirtschaftliche und gesellschaftliche Auswirkungen. Gemäß dem *BSI-Global-Supply-Chain-Intelligence-Bericht* verursachen die Grenzkontrollen nach dem Attentat im November an den französischen Grenzen der belgischen Schifffahrts-industrie Kosten in Höhe von 3,5 Mrd. USD [37]. Im Nachgang zum Attentat in Brüssel im März 2016 stellt DB Schenker die Landverkehre nach, in und von Belgien ein. DHL meldet Beeinträchtigungen bei der Zustellung in der Brüsseler Innenstadt. Das Gebiet rund um den Flughafen ist abgeriegelt und der Frachtflug-hafen Brucargo wird vorübergehend geschlossen. Auch die Automobilindustrie wird in Mitleidenschaft gezogen. Die belgische Regierung ruft die Automobil-hersteller zur vorübergehenden Einstellung der Produktion auf. Bei Audi bleiben 1100 Arbeiter zu Hause [38].

Laut Sicherheitsstrategie des Bundesministeriums für Verkehr und digitale In-frastruktur soll das aktuelle Schutzniveau noch weiter erhöht werden. Dabei setzt das Ministerium weitestgehend auf freiwillige Maßnahmen und branchenspezifi-sche Selbstregulation [39].

Viele Verantwortlichen nehmen das Thema ernst und sind sich der Defizite bewusst. Das zeigt die Studie *Global Trade Management Agenda 2016*, die von AEB und DHBW herausgegeben wurde. Obwohl bereits der Großteil der Unter-nehmen über entsprechende Risk-Management-Tools verfügt, sehen 36,2 % der befragten Logistik- und Außenhandelsexperten immer noch Nachholbedarf bei der Risikominimierung entlang der Supply Chain [40].

Gehört dabei Terrorismus zu den Top 10 der Risiken für die Supply-Chain-Verantwortlichen? Nein, heute jedenfalls noch nicht – so das Ergebnis des *Risk Barometer 2015*. Von den 709 Befragten teilen nur 3 % die Meinung, dass hier ein großes Risiko besteht – damit liegen Terroranschläge auf Platz 20 des Rankings; damit allerdings doch zwei Plätze höher als noch 2014. Trotz dieser Einschätzung scheinen die Supply-Chain-Verantwortlichen für das Risiko sensibilisiert. Dies bestätigen die Detailergebnisse der verschiedenen Länder. So wird beispielsweise die Gefahr eines Terroranschlags auf die Supply Chain in der Ukraine (27 %, Rang 4) im Vergleich zu anderen Ländern doch relativ hoch eingeschätzt – dies ist in Anbetracht der aktuellen Situation wenig verwunderlich. In der Türkei liegt das Risiko mit 8 % auf Rang 7 der potenziellen Risiken [41].

Zum Vergleich: im *BSI-Global-Supply-Chain-Intelligence* -Bericht findet sich der *Daesh* auf Platz 4 der größten Bedrohungen für die Supply Chain im Jahr 2016 [42].

Wie verhält sich diese Einschätzung im Vergleich zu der realen Entwicklung? Die Zahl der Anschläge auf die Lieferkette hat in den vergangenen Jahren zugenommen. So werden nach Recherchen von PwC im Jahr 2010 insgesamt 3299 Anschläge auf die Supply Chain verübt – und dies trotz der Verschärfung der Sicherheitsmaßnahmen nach dem 11. September 2001. Daher geht das Beratungsunternehmen davon aus, dass die Sicherheitsvorkehrungen immer noch unzureichend sind und die Zahl der Terrorakte auf die Lieferkette demzufolge in den kommenden Jahren weiter zunehmen werde. Dabei seien vor allem Verkehrs- und Transportmittel wie Flugzeuge, Schiffe, Züge und Lkw gefährdet. Anschläge auf Seehäfen und Flughäfen erfordern aufgrund der höheren Sicherheitsstandards mehr Vorbereitung sowie Insider-Wissen [43].

Auch im Bereich des Terrorismus hat die Digitalisierung Einzug gehalten. Der Kampf verlagert sich zunehmend ins Internet. Einerseits unterstützen moderne Kommunikations- und Informationstechnologien die Fahnder bei der Identifikation von terroristischen Verbindungen und dem frühzeitigen Aufspüren möglicher Anschläge. Andererseits helfen sie Terrormilizen bei der Planung. Die sozialen Medien erlauben weit verstreuten terroristischen Kräften, sich zu finden und auf diese Art die kritische Masse zu erreichen, was zuvor schwer möglich war.

Allerdings ist nicht zwingend erforderlich, dass jeder Anschlag, der im Namen von Terrormilizen begangen wird, auch von diesen direkt unterstützt wird. Vielmehr können radikalisierte Menschen auch ohne Wissen und Zutun der Milizen Terrorakte planen und durchführen. Al-Qaida-nahe Webseiten haben bereits 2005 und 2006 Trainingsvideos mit Instruktionen zur Durchführung verschiedenster Anschläge veröffentlicht. Auch Trainingshandbücher mit Informationen zu Waffen und Kommunikation werden von der Terrororganisation im Internet bereitgestellt. Zudem werden die sozialen Medien, aber auch andere Kanäle dazu genutzt, Verwirrung bei den Fahndern zu stiften. So gibt es Hinweise darauf, dass al-Qaida westliche Geheimdienste glauben ließ, dass Anschläge auf US-Einrichtungen im Ausland geplant seien [44].

Der Umgang mit den Bedrohungen entlang der Supply Chain

2

Osama bin Laden bestätigt, dass die Weltwirtschaft vorrangiges Ziel von Anschlägen ist. Kernfrage ist daher: Wie kann dieses Risiko minimiert werden? Zur Beantwortung der Frage ist erforderlich, die einzelnen Komponenten der Supply Chain in Bezug auf mögliche Schwachstellen und Sicherheitsvorkehrungen zu analysieren. Beispiel Seeschifffahrt: Rund 90 % des globalen Handels und Warenverkehrs wird über die Weltmeere abgewickelt. Dort sind die globalen Warenströme am verwundbarsten. Dies haben auch die Terroristen erkannt: Schon vor dem Aufstieg von *al-Qaida* haben Gruppierungen wie die *Tamil Tigers* aus Sri Lanka oder die proiranische Terrorgruppe *Hisbollah* maritime Terroroperationen durchgeführt [45].

Die Achillesferse der „ökonomischen Lebenslinien" – wie bin Laden die Lieferkette bezeichnete – ist die Versorgung der Weltwirtschaft mit Öl. 80 % wird durch den Suez-Kanal und über die Straßen von Hormus und Malakka transportiert [46]. Daher verwundert der Angriff auf den französischen Öltanker Limbourg im Golf von Aden im Oktober 2002 wenig. Einen Monat nach dem Angriff wird der Terrorist Abd al-Nasheri, *al-Qaida*-Spezialist für maritime Operationen, von amerikanischen Fahndern gefasst. Er soll während der anschließenden Verhöre zahlreiche Pläne von Anschlägen auf die maritime Wirtschaft enthüllt haben. Zudem soll nach seiner Aussage ein spezielles Handbuch für Anschläge auf See existieren, das detailliert auf die Umsetzung und die ökonomischen Folgen eingeht [47].

Besonders anfällig in Bezug auf die Supply Chain ist das Just-in-Time-Konzept, das weitgehend auf die Bevorratung zeitkritischer Teile am Ort der Produktion verzichtet. Dies bringt den Unternehmen – die reibungslos funktionierende Supply Chain vorausgesetzt – erhebliche Kostenvorteile. Gleichzeitig macht allerdings dieses Konzept die Wertkette auch störanfälliger, da die reibungslose

© Springer Fachmedien Wiesbaden 2017
W. Lehmacher, *Steht unsere Versorgung auf dem Spiel?*, essentials,
DOI 10.1007/978-3-658-14688-7_2

Produktion von der kontinuierlichen Anlieferung der Teile abhängt. Selbst dann, wenn die eigene Lieferkette nicht von einer Störung betroffen ist, aber die Supply Chain eines einzelnen Zulieferers, kann die Produktion ins Stocken geraten. Die Reduzierung der Risiken in der Lieferkette bedarf gesonderter Strategien. Eine Sicherheitsstrategie beginnt mit der Vision. Die naheliegendste Vision einer sicheren Welt ist eine Welt ohne Bedrohungen. Zur Realisierung dieser Vision ist das Problem an der Wurzel zu fassen – nämlich Armut und Ungerechtigkeit zu eliminieren. Jedoch selbst bei Erreichung dieses Zieles bedarf es zur präventiven Sicherstellung des Schutzes von Wirtschaft und Gesellschaft umfangreicher Sicherheitskonzepte, einschließlich der Identifikation und Beobachtung extremistischer und krimineller Gruppierungen.

Ausgangspunkt aller Sicherheitskonzepte ist die Auflistung und Beschreibung der potenziellen Risiken. Diese sind anschließend in Bezug auf die Wahrscheinlichkeit ihres Eintretens und ihre potenziellen Auswirkungen zu bewerten, bevor geeignete Sicherheitsmaßnahmen abgeleitet und ausgearbeitet werden können. Die Erstellung von Risiko-Szenarien hilft bei diesem Prozess.

2.1   Risiko-Szenarien

Tatsächlich braucht es nicht viel Phantasie und Analyse, sondern lediglich den Blick auf verschiedene Ereignisse der vergangenen Jahre, um die Folgen eines Anschlags auf die Supply Chain grob einschätzen zu können: Naturkatastrophen wie der Ausbruch des Vulkans Eyjafjallajökull auf Island, der Tsunami von Fukushima oder der Blizzard in den USA im Februar 2013, aufgrund dessen in fünf Bundesstaaten der Ausnahmezustand ausgerufen wurde, zeigen eindrucksvoll, wie Störungen in der Supply Chain zu einer erheblichen Beeinträchtigung der Wirtschaft führen.

Grundsätzlich gilt: je komplexer die Wertkette, umso mehr Schnittstellen und damit mögliche Angriffspunkte. Je konzentrierter die Produktion, je wichtiger eine Passage, je angehäufter das Gefahrgut, umso größer der mögliche Schaden, umso größer das Risiko. Aber was sind die Angriffspunkte und Schwachstellen, was konkret kann sich entlang der Supply Chain alles ereignen?

1) Produktion, Lagerung und Umschlag
Betriebsstätten, wie Produktionsstandorte, Lager, insbesondere Gefahrgutlager, Umschlagsanlagen, aber auch Datenzentren, einschließlich der Warenwirtschaftssysteme, sind potenzielle Ziele terroristischer Anschläge. Da das Risiko primär von Menschen ausgeht, zählen zu den möglichen Risiko-Szenarien der unbefugte

Zugang zu Gebäuden zur Ausführung terroristischer Anschläge beziehungsweise zum Diebstahl gefährlicher Substanzen sowie der unbefugte Zugriff auf Computer-Systeme zum Diebstahl von Informationen oder zur Manipulation der Abläufe.

Terrorziel Betriebsstätte Das Risiko besteht darin, dass von Mitarbeitern, Kunden und Zulieferern oder anderen Externen, die sich (unbefugt) Zugang zu Betriebsstätten beschaffen, Material entwendet und für spätere Anschläge genutzt wird, oder aber explosive Stoffe eingeschmuggelt werden, die dann während der Verwendung, Lagerung oder eines Transports explodieren. Für die verschiedenen Betriebsstätten, wie Fabriken, Montageanlagen oder logistische Einrichtungen, lassen sich unterschiedliche detaillierte Risiko-Szenarien ausarbeiten.

Missbrauch von Gefahrgut und Anschläge auf Gefahrgutlager Zum Teil werden hochexplosive und andere gefährliche Stoffe gelagert, umgefüllt oder für den Transport vorbereitet. Diese lassen sich für Anschläge nutzen. Die Gefahr, bei einem Einbruch in ein Gefahrgut-Lager gefasst zu werden, ist aufgrund der gewöhnlich bereits bestehenden Sicherheitsvorkehrungen jedoch relativ hoch. Da für terroristische Anschläge zudem teilweise nur kleinere Mengen Giftstoffe – beispielsweise zur Herstellung des chemischen Kampfstoffs Sarin – benötigt werden, ist die legale Beschaffung wahrscheinlich einfacher als der doch risikoreichere Einbruch in ein Lager [48].

Wie gefährdet sind die Betriebsstätten selbst? Lager, Distributionszentren und Hubs, die sogenannten Umschlagsbasen der Logistik-Unternehmen, sind meist in Gewerbegebieten angesiedelt, so dass bei einer Explosion hauptsächlich Sachschaden verursacht wird – ein Szenario, das für Terroristen eher unattraktiv ist. Auch die Auswirkungen auf die Akteure innerhalb der Lieferkette sind wahrscheinlich denkbar gering. Zwar kann es zu Lieferverzögerung – beispielsweise von zeitkritischen Lacken – kommen, allerdings erfordert eine derart gezielte Störung fundierte Kenntnisse der gelagerten Güter und der jeweiligen Supply Chain. Zudem können Unternehmen derartige Engpässe vermutlich schnell wieder beheben. Die ökonomischen Folgen sind daher in der Regel eher gering.

Einen größeren Schaden könnte allerdings der Anschlag auf Gefahrgutlager in Seehäfen oder Flughäfen anrichten. Während die Sicherheitsvorschriften an den Flughäfen eher strikt sind, besteht in den Seehäfen ein höheres Risiko. Grundlage für ein mögliches Szenario ist die Explosion im chinesischen Hafen Tianjin Port im Jahr 2015.

Warenwirtschaftssysteme Die Warenwirtschaftssysteme, englisch Enterprise Resource Planning (ERP) Systems, enthalten Informationen über Produkte, Aufträge, Absatz, Warenbestände, Transport sowie Lieferanten und Kunden. Das *Internet der Dinge* und *Big Data* werden die Menge und Qualität dieser Datenbasis noch erheblich erhöhen. Supply Chain Visibility, das heißt die nahezu lückenlose Verfügbarkeit von Informationen über Verkehrs- und Warenströme, ermöglicht bessere Kontrolle und Steuerung. Allerdings bietet sie Terroristen auch eine weitere Angriffsfläche. Angesichts immer größerer Schiffe und immer höherer Anforderungen an die Lieferkette sind die Abläufe in den Häfen heute ohne umfangreichen Daten- und Informationsaustausch nicht mehr möglich [49]. Leicht lässt sich ausmalen, welche Möglichkeiten sich ergeben, sollte detailliertes Daten- und Informationsmaterial über Güter, Ankunftszeiten und Stauplätze beziehungsweise Lagerstätten in die falschen Hände gelangen. Ein weiteres Szenario ist die Fremdsteuerung bestimmter Prozesse im Stadtverkehr, Lager oder Hafen durch Terroristen.

2) Der Transport auf dem Wasser
Was sind die Risiko-Szenarien in der Schifffahrt? Beispielsweise die Blockade von Meerengen, Kanälen und wichtigen Wasserstraßen, Angriffe auf See, Häfen und Umschlagsanlagen, Diebstahl oder Missbrauch spezieller Güter sowie die kriminelle Nutzung von Umschlags- und Transporthilfsmitteln.

Blockaden von Meerengen, Kanälen und wichtigen Wasserstraßen Für Rolf Tophoven, deutscher Journalist und Direktor des Instituts für Krisenprävention (IFTUS), sind dabei vor allem die Küsten Somalias, Nigerias, Indonesiens, Malaysias und der Philippinen durch Terroranschläge gefährdet. Als ein Szenario gilt dabei der Anschlag in der Malakka-Straße – einem strategischen Nadelöhr, das den Persischen Golf und den Indischen Ozean mit dem Südchinesischen Meer und dem Pazifik verbindet. Mit etwa 90.000 Schiffspassagen jährlich nutzt fast die Hälfte des weltweiten Seehandels die Meerenge. Eine Sperrung der Seestraße würde für die Frachtschiffe einen fast 1000 km langen Umweg durch die indonesischen Straßen von Flores und Sunda bedeuten [50]. Auch der Suez-Kanal gehört zu den Nadelöhren der Weltwirtschaft. Hier wird Ende August 2013 ein Anschlag auf ein Containerschiff verübt, der fehlschlägt. Es gibt Explosionen, das Schiff bleibt nach Behördenangaben jedoch unbeschädigt und der Schiffsverkehr wird nicht beeinträchtigt. Weitere Angaben macht die zuständige Behörde nicht. Allerdings wird bereits in den Tagen vor dem Anschlag die Präsenz der ägyptischen Polizei im Nordsinai entlang des Suez-Kanals verstärkt [51]. Weitaus negativer hat sich der Anschlag auf den Tanker Limbourg vor der Küste des Jemen auf

die maritime Wirtschaft und darüber hinaus ausgewirkt – angefangen von der Ver-
dreifachung der Versicherungsprämien für Schiffe, die jemenitische Häfen anfah-
ren, bis hin zur Einstellung von Liniendiensten in den Jemen. Als Folge gehen
Import und Export des Jemen zurück, der Umschlag in den jemenitischen Häfen
sinkt von 43.000 Containern im Monat vor den Anschlägen auf 3000 pro Monat
nach dem Vorfall. 3000 Hafenarbeiter und Bedienstete verlieren ihre Arbeit und
das Bruttoinlandsprodukt geht um rund 1 % zurück [52].

Angriffe auf See Zu den Szenarien, auf die sich Regierungen, Behörden und
Wirtschaft ebenfalls vorbereitet haben, zählen Terrorangriffe auf Schiffe und
andere Objekte auf See – beispielsweise Ölplattformen –, aber auch der Einsatz von Massenvernichtungsmitteln von der See aus sowie Terrorangriffe auf
Hafenanlagen oder andere Ziele an Land, bei denen Schiffe als Transportmittel
oder auch als Waffe eingesetzt werden können. Werden beispielsweise Gastanker
gekapert und vor oder in einem Hafen zur Explosion gebracht, kann dies angesichts von bis zu 125.000 m^3 Gas pro Schiff erhebliche Folgen haben.

Angriffe auf Häfen und Umschlagsanlagen Auch Gasanlagen in den Häfen
sind potenzielle Ziele. Nicht zuletzt deshalb haben die Häfen ihre Sicherheitsmaßnahmen nach den Anschlägen 2001 erhöht. Im Duisburger Hafen, einem der
weltweit wichtigsten Binnenhäfen, müssen alle ansässigen Firmen ihre Anlagen
mit Zäunen, gesicherten Toren, Video-Überwachung und Beleuchtungsanlagen
versehen [53]. Die Explosionen im Tianjin Port führt vor Augen, was sich in
einem Hafen ereignen kann: Dort explodieren aus noch ungeklärter Ursache im
August 2015 mit Chemikalien beladene Container. Sie lassen eine Lagerhalle für
Gefahrgüter zusammenbrechen. Eine zweite Explosion soll eine Sprengkraft von
21 Tonnen TNT haben. Sie ist kilometerweit zu hören, es gibt Hunderte Verletze
und Dutzende Tote. Zeitungen melden, dass die Druckwelle und das Feuer rund
1000 Neuwagen auf einem Renault-Lagerplatz zerstört hat. Hinzu kommen weitere 1748 VW-Importwagen, die auf ihre Zollabfertigung und Abholung warten
[54]. Insgesamt entstehen Kosten in Höhe von 1,5 Mrd. USD [55]. Ein spekta-
kuläres Szenario. In Anbetracht der großen Ladekapazität birgt auch die mögliche Explosion eines Schiffes in einem Hafen – möglicherweise im Zentrum einer
Stadt – ebenfalls erhebliches Bedrohungspotenzial [56].

Diebstahl oder Missbrauch spezieller Güter Nicht nur Pkw, Textilien und
andere Zivilgüter reisen via Container – auch militärisches Gerät, Waffen
und Munition. So wurden allein 2015 im Hafen Hamburg Waffen im Wert von
360 Mio. EUR umgeschlagen, dies waren 13,2 % mehr als im Jahr zuvor. Die

Flugabwehrpanzer, U-Boote, Gewehre und militärischen Ersatzteile sind ein potenzielles Ziel für Terroristen – ebenso wie die schätzungsweise rund 1000 Container pro Jahr, die beladen mit Granaten, Minen und Patronen von Hamburg aus exportiert werden [57]. Eine Explosion während des Umschlags von Munition hätte erhebliche Folgen für den Hafen und die Anrainer. Generell sind Militärgüter besonders vor Diebstahl zu schützen.

Kriminelle Nutzung von Umschlags- und Transporthilfsmitteln Der Container ist eine Black Box. Einmal verschlossen gibt er in der Regel seinen Inhalt erst wieder beim finalen Empfänger preis. Damit birgt der Container ein Risiko. Die Explosion eines oder mehrerer Container kann an Bord eines Schiffes oder in einem Hafen – wie im Tianjin Port gesehen – viele Menschenleben kosten und erheblichen Sachschaden anrichten oder aber den Verkehr in einem Kanal zum Erliegen bringen.

3) Luftfracht

In der Luftfracht umfassen mögliche Risiko-Szenarien Güter, beziehungsweise Bomben und biologische Waffen in Transportgütern, Angriffe in der Luft, Angriffe auf Frachtflughäfen und Luftfrachtlager und die unbefugte Steuerung des Luftverkehrs.

Güter, beziehungsweise Bomben und biologische Waffen in Transportgütern Mittels Luftfrachtsendungen können Bomben und explosive Stoffe an Bord eines Flugzeuges geschmuggelt werden, die dann in der Luft explodieren oder bestimmte Empfänger treffen sollen – wie im November 2011 geschehen, als Paketbomben im Berliner Kanzleramt, in Dubai und in Großbritannien gefunden wurden. Da Luftfracht auch in Passagierflugzeugen transportiert wird, gefährden explosive Sendungen nicht nur Piloten, sondern auch Passagiere. Verschärft werden kann dies, wenn die Bomben mit biologischen Waffen kombiniert werden, die sich beispielsweise über Wohngebieten entladen können.

Angriffe in der Luft Aufsehen erregt der Flug MH17, der am 17. Juli 2014 mit 283 Passagieren an Bord, davon 80 Kindern, über das umkämpfte Gebiet der Ost-Ukraine fliegt und abstürzt. Wie durch das Dutch Safety Board nach 15-monatigen Nachforschungen bestätigt, wird das Verkehrsflugzeug von einer Rakete getroffen und zerbricht in der Luft [58]. Auch wenn hier nicht unbedingt von einem gezielten Angriff auf ein Passagierflugzeug ausgegangen werden muss, zeigt es die Verwundbarkeit der Flugzeuge auch in der Luft.

Anschläge auf Frachtflughäfen und Luftfrachtlager Neben den Flugzeugen sind auch Flughäfen und Luftfrachtlager potenzielle Ziele. Zum Beispiel können durch Explosionen Menschen getötet und der Flughafenbetrieb unterbrochen werden, wodurch wirtschaftlicher Schaden entsteht.

Unbefugte Steuerung des Luftverkehrs Insbesondere bei Start und Landung werden Daten zwischen Flugzeugen und Boden ausgetauscht. Damit ist die Gefahr einer Cyberattacke dort auch am größten [59]. Die Szenarien reichen hier von bewusst herbeigeführten Kollisionen in der Luft bis hin zu gezielt verursachten Abstürzen in Wohngebiete.

4) Schienentransport
Beim Schienenverkehr sind nicht nur Lokomotiven und Waggons, Bahnhöfe und Umschlagsanlagen, Schienenstränge und Eisenbahnbrücken Gegenstand der Szenarien, sondern auch die Steuerung des Schienenverkehrs, beispielsweise die digitale Manipulation von Signalanlagen und Weichen.

Anschläge auf Lokomotiven und Waggons, Bahnhöfe und Umschlagsanlagen Anfang Dezember 2003 entdecken russische Sicherheitsbehörden im Bahnhof Kropotkin an einem Güterzug einen Sprengsatz mit Zeitschaltuhr, der direkt entschärft wird. Einige Tage zuvor werden bei einem Anschlag auf einen Vorortzug im russischen Nordkaukasus 42 Menschen getötet [60]. In der ukrainischen Stadt Charkiw wird im März 2015 ein Anschlag auf einen Güterzug verübt. Bei der Explosion springen zwei leere Waggons aus den Gleisen.

Sabotage von Schienensträngen und Eisenbahnbrücken In der Ukraine wird im März 2015 ein Gleisabschnitt durch einen Sprengsatz zerstört. In der Stadt Izum hat der ukrainische Geheimdienst im selben Monat einen Anschlag auf eine Eisenbahnbrücke verhindern können [61].

Eingriffe in die Steuerung des Schienenverkehrs Die digitale Steuerung von Verkehrssystemen nimmt zu. Das Cyber-Risiko steigt – ein Thema, das in Zukunft nicht nur eine immer größere Rolle spielen, sondern durch den Einsatz von autonomen, das heißt führerlosen, Zügen eine weitere Verschärfung erlangen wird. Mögliche Szenarien sind Kollisionen und Entgleisungen sowie beispielsweise das Rasen eines unbemannten Zuges in einen Sackbahnhof.

5) Straßengütertransport
Beim Straßengüterverkehr steht das Szenario Zweckentfremdung, d. h. der Missbrauch von Transportmitteln als Lager für Bomben und Sprengstoffe, im

Vordergrund. Darüber hinaus nimmt im digitalen Zeitalter das Risiko im Bereich der digitalen Steuerung des Straßenverkehrs zu.

Zweckentfremdung Fahrzeuge wie Lkw und Pkw werden als Transportmittel und Lager für Sprengstoffe und Bomben genutzt. Im Fahrzeug am Zielort gelagert, explodieren die Sprengsätze zur vorbestimmten Zeit. Da Zustellfahrzeuge und Lkw zum alltäglichen Straßenbild gehören, erzeugen sie in der Regel keinen Argwohn – selbst dann nicht, wenn sie über längere Zeit an einem belebten Platz parken. So kommen im März 2015 Dutzende Menschen bei der Explosion einer Lkw-Bombe auf dem Marktplatz von Bagdad ums Leben, etwa 200 werden verletzt. Zu dem Anschlag bekennt sich *Daesh* [62]. Ähnlich wie Frachtschiffe und Güterzüge könnten auch Tankfahrzeuge, die mit chemischen oder giftigen Stoffen beladen sind, als Waffen gegen Objekte und bestimmte Ziele eingesetzt werden. Dabei lassen sich Lkw in der Regel leichter kapern als Güterzüge – beispielsweise, wenn der Fahrer schläft. Ladungsdiebstähle während der Fahrt gehören heute zum Alltagsrisiko der Lkw-Fahrer [63].

Unbefugte Steuerung des Straßenverkehrs Die digitale Steuerung des Verkehrs, beispielsweise im Rahmen von Smart-City-Projekten, nimmt zu. Zudem steigt die Wahrscheinlichkeit des Einsatzes autonomer Fahrzeuge. Die Risiko-Szenarien erstrecken sich von verrückt spielenden Ampelsystemen bis zum unkontrollierten Agieren autonomer Fahrzeuge.

6) Künstliche Intelligenz

Das Cyber-Risiko zieht sich durch fast alle Szenarien. Dies, weil die Digitalisierung in nahezu alle Bereiche von Wirtschaft und Gesellschaft Einzug genommen hat. Dass in jedes System eingedrungen werden kann, ist uns bewusst. Dass künstliche Intelligenz eine neue Dimension des Terrors eröffnet, ist einigen vielleicht nicht so geläufig.

Im März 2016 besiegt der Roboter AlphaGo den Südkoreanischen Grand Master Lee Sedol im Spiel Go, das ein hohes Maß an Intuition und hoch entwickelte Fähigkeiten der Mustererkennung voraussetzt. Seit dem Sieg von AlphaGo ist klar: Computer nutzen Lösungen, die Menschen nicht finden oder nicht in Erwägung ziehen – dies nicht nur durch Logik und Heuristik, sondern auch durch Verstärkungslernen, englisch reinforcement-learning. Dies kann in vielen Bereichen sehr hilfreich sein. Gleichzeitig stellt sich die Frage: Wie können wir ethisches Verhalten sicherstellen, wenn wir die Methoden nicht mehr kennen und vielleicht gar nicht mehr verstehen [64]? Das Thema Ethik und Maschine wird auch bei der Entwicklung von autonomen Fahrzeugen diskutiert. Welche Ethik soll den Fahrzeugen ‚einprogrammiert' werden – insbesondere wenn es um Entscheidungen um Leben und Tod geht? Schnell liegt aber auch eine andere Frage auf der Hand: Wie können wir verhindern, dass selbstlernende Programme in die falschen Hände fallen? Denn Terroristen würden dadurch nicht nur neue Werkzeuge zur Spekulation und Finanzierung an den Börsen, sondern auch Zugriff auf Vernichtungswaffen einer ganz neuen Dimension erhalten.

Solange die Maschinen noch zu einem erheblichen Grad von Menschen gesteuert und kontrolliert werden, bleibt auch der Mensch der einzige Ausgangspunkt des Terrors. Denn Verbrechen werden derzeit noch ausschließlich von Menschen erdacht, geplant und durchgeführt – nicht von Fahrzeugen, Paketen und Paletten oder selbstlernenden Programmen. Der Mensch ist aber nicht nur Ausgangspunkt, sondern auch wesentliche Schwachstelle im System. Gesicherte Betriebsstätten und Transportmittel können von kriminellem oder käuflichem Personal trotz aller Schutzmaßnahmen zugänglich gemacht werden und geschützte Computer-Systeme durch die Weitergabe der Codes durch an der Entwicklung derselben beteiligte Programmierer dennoch wieder manipulierbar werden.

2.2 Sicherheit entlang der Supply Chain

Die Verantwortlichen in der Wirtschaft und den Behörden sind aufgrund der neuen Gewalt sowie der rasanten technologischen Entwicklung gefordert, sicherzustellen, dass die Strategien und Konzepte entlang der Supply Chain stets den neuesten Standards entsprechen und möglichst keine Schwachstellen aufweisen. Aufgrund der Dynamik der Digitalisierung kann die Cybersicherheit als Achillesferse angesehen werden.

Dabei stehen Regierungen und Unternehmen mit den Sicherheitsstrategien keineswegs am Anfang. Im Gegenteil: Die aktuellen Konzepte beinhalten ein breites Spektrum an Vorkehrungen und Maßnahmen – angefangen bei der sorgfältigen Auswahl der Mitarbeiter, dem Gebäudeschutz bis hin zur Zusammenarbeit mit Behörden und anderen Organisationen. Auch die Cyber-Sicherheit gewinnt zunehmend an Beachtung. Zudem werden Wirtschaftsakteure zu Experten qualifiziert. Ein Prädikat für Sicherheit ist der Zugelassene Wirtschaftsbeteiligte.

Der Zugelassene Wirtschaftsbeteiligte bzw. Authorized Economic Operator (AEO)
Zugelassene Wirtschaftsbeteiligte sind Logistik-Dienstleister, die aufgrund der Erfüllung spezieller Voraussetzungen verschiedene Vergünstigungen bei der

Zollabwicklung in Anspruch nehmen können. Sie sind für das Thema Sicherheit besonders sensibilisiert. Der AEO muss u. a. sicherstellen, dass von der Fracht keine Bedrohung für den Luftverkehr ausgeht. Demnach geht es nicht nur um die Einhaltung von Zoll- und Außenhandelsvorschriften. Auch das Thema Sicherheit steht im Fokus – angefangen bei der Frage, ob Waren als Dual-Use-Güter, das heißt Güter mit ziviler und (potenzieller) militärischer Nutzung, eine besondere Genehmigung benötigen.

Logistik-Dienstleister, die als AEO zertifiziert sind, müssen beispielsweise Luftfrachtsendungen derart verpacken, dass eine nachträgliche Manipulation ohne sichtbare Spuren ausgeschlossen ist. Dadurch wird verhindert, dass Verpackungen nach erfolgter Sicherheitsüberprüfung ohne Weiteres wieder geöffnet und verschlossen werden können. Zudem ist der AEO dazu verpflichtet, die Einhaltung der Sicherheitsmaßnahmen ebenfalls bei Sub-Unternehmern und Unterauftragnehmern – beispielswiese im Bereich der Lagerung – sicherzustellen.

Der Status des AEO wird von den USA seit Frühjahr 2013 anerkannt. Im Gegenzug erkennt die EU das amerikanische Sicherheitsprogramm C-TPAT an [65].

Supply Chain Mapping – Basis des Sicherheitsmanagements
Schützen beginnt mit Verstehen. Nach dem Erdbeben im Jahre 2011 in der japanischen Region Tohoku musste Toyota die Supply Chain neu überdenken und war überrascht, zu erkennen, dass die Lieferkette nicht – wie gedacht – pyramidenförmig aufgestellt war, sondern der Form einer Tonne glich. Die Katastrophe half dem Unternehmen, seine Supply Chain zu verstehen [66]. Die klare Vision der Supply Chain ist die Voraussetzung für das optimale Design bzw. das Re-Design – auch aus Sicherheitsgesichtspunkten. Ein wichtiges Instrument zum Verstehen der Lieferkette ist das Mapping beziehungsweise die Supply Chain Map.

Um sich gegen die Bedrohungen entlang der Supply Chain zu schützen, müssen die Verantwortlichen die Lieferkette in Gänze und als Netz abbilden sowie den jeweiligen Status in Bezug auf Fertigungs-, Bestands- und Bewegungsdaten erfassen können. Dieses sogenannte Supply Chain Mapping kann zum einen die Struktur, wie Lieferanten (über alle Stufen) und Logistikpartner, Produktinformationen, Produktionsstätten und Lager, einschließlich der Standorte, (alternative) Routen, Umschlagspunkte, Zollstellen, Distributionslager, Kundeninformationen und benötigte Zeiten für die einzelnen Abschnitte sowie zum anderen die Bewegungsdaten, wie Bestellmengen, Produktionsdaten und Produktionsstatus, Bestände und im Transport befindliche Güter sowie Absatzzahlen einschließen.

Nur auf Basis dieses Wissens können Lieferanten, Kunden und andere Akteure, Standorte und Güter, Routen und Systeme auf Risiken hin analysiert und entsprechende Sicherheitsmaßnahmen entwickelt werden.

Schwachstelle Mensch: Die Gratwanderung zwischen Vorsicht und Misstrauen

Mit Hilfe sozialer Medien rekrutieren Terrormilizen wie *Daesh* weltweit – auch in Europa. Rolf Tophoven weist in seinem Beitrag „Der Terror eskaliert – neue Varianten des militant islamistischen Phänomens. Paris und die Folgen" darauf hin, dass nach Angaben der Sicherheitsbehörden etwa 600 kämpfende Unterstützer nach Syrien gereist sind. Nicht alle bleiben Anhänger der Milizen – so sollen 180 von ihnen traumatisiert zurückgekommen sein. Weitere 30 Heimkehrer gelten jedoch als militärisch ausgebildet und kampferprobt. Hinzu kommen etwa 260 Gefährder [67]. Diese könnten den Zugang zu Betriebsstätten und Transportmitteln dazu nutzen, Terrorakte vorzubereiten oder durchzuführen.

Nach den Anschlägen vom 11. September 2001 wurden viele bestehende Sicherheitskonzepte verschärft und neue Maßnahmen eingeführt. Dazu zählen auch die Sanktionslisten der USA und der EU, speziell die VO (EG) 881/2002 vom 27.05.2001 und die VO (EG) 2580/2001 vom 27.12.2001. Personen-Embargo-Listen sollen helfen, die Finanzströme terroristischer Gruppen auszutrocknen. Zu diesem Zweck sind Handels- und Wirtschaftreibende verpflichtet, jeden Handelspartner mit den Sanktionslisten abzugleichen. Findet sich der Name eines aktuellen oder potenziellen Partners auf der Liste, darf mit der entsprechenden Person oder Firma kein Geschäft mehr getätigt werden.

Diese Regelung betrifft potenzielle zukünftige Mitarbeiter ebenso wie das bestehende Personal. Dies bedeutet: Erscheint ein Mitarbeiter auf der Liste, darf kein Gehalt mehr ausgezahlt werden. Bewerber, die auf einer dieser Listen stehen, dürfen nicht eingestellt werden [68]. Wer dagegen verstößt, muss mit Freiheitsstrafen zwischen sechs Monaten bis fünf Jahren sowie Geldbußen von bis zu einer Millionen Euro rechnen. Geschäftsführer und Vorstand können für die Missachtung haftbar gemacht werden. Auch eine Gewerbeuntersagung wegen Unzuverlässigkeit (§ 35 I GewO) kann verhängt werden, oder es kann eine Eintragung in das Gewerbezentralregister (§ 149 II Nr. 1 lit. b GewO) erfolgen [69].

Der Abgleich von Geschäftspartnern, Mitarbeitern und Bewerbern ist eine Maßnahme der Prävention. Denn werden bestehende Kontakte zu Terrororganisationen frühzeitig bekannt, können zukünftige Anschläge vermieden werden. So sehen die Betriebsvereinbarungen von Daimler unter anderem vor, dass Mitarbeiter, die auf einer Sanktionsliste stehen, sofort freigestellt werden und

gegebenenfalls die Behörden zu informieren sind [70]. Dabei sind die Personen-Embargo-Listen keinesfalls lückenlos und fehlerfrei. Gefährder, die den
Behörden nicht bekannt sind, sind logischerweise nicht aufgeführt, während
andererseits in Einzelfällen Personen unbegründet aufgenommen werden.

Die Unternehmen sind gefragt, ihre Mitarbeiter für Gefahren zu sensibilisie-
ren. So kann beispielsweise das Hinnehmen der Radikalisierung einzelner Mitarbeiter verheerende Folgen haben – für Unternehmen und Gesellschaft. Daher
sind ungewöhnliche Entwicklungen den Vorgesetzen bzw. der Personalabteilung
zu melden. Nur so kann frühzeitig das Gespräch gesucht und bei Bedarf entsprechend reagiert werden. Dies ist von besonderer Wichtigkeit, wenn Zugriff auf
sensible Daten besteht oder im Rahmen der Tätigkeiten u. U. Anschläge direkt
unterstützt oder sogar selbst ausführt werden könnten.

Regelmäßige Informationen in Form von Flyern, Postern und in internen
Medien helfen dabei, die Aufmerksamkeit der Mitarbeiter zu schärfen. Durch die
redaktionelle Aufbereitung können dabei Informationen über potenzielle Risiken
und die Möglichkeiten der Risikominderung, aber auch das situationsgerechte
Handeln bei Gefahr vermittelt werden. Updates in Bezug auf die Sicherheitsvorschriften können auf diesem Weg ebenfalls kommuniziert werden.

Auch externe Personaldienstleister müssen überprüft und auf ihre Verantwortung in Bezug auf die Sicherheit verpflichtet werden.

Neue Mitarbeiter sollten in der Einarbeitungsphase von einem festen
Ansprechpartner persönlich betreut werden. Dieser muss entsprechend geschult
und sensibilisiert sein und bei auffälligem Verhalten den Sicherheitsbeauftragten
informieren. Generell gilt: Je besser der persönliche Draht unter Kollegen und
zu Vorgesetzen, umso schneller werden finanzielle, familiäre oder persönliche
Schwierigkeiten bekannt. Auch Ausnahmesituationen wie lange Streiks, Unzu-
friedenheit mit der Einkommenssituation sowie als unfair empfundene Arbeits-
bedingungen können zur Destabilisierung von Menschen beitragen. Alle Akteure
sind gefragt, zum verantwortungsvollen Miteinander beizutragen [71]. Das früh-
zeitige Anbieten von Unterstützung kann helfen, zu verhindern, dass persönliche
Schwierigkeiten oder das Gefühl von Ungerechtigkeit zum Auslöser extremis-
tischen Denkens und Handelns werden. So kann u. U. auch vermieden werden,
dass sich Mitarbeiter allein, isoliert oder überfordert fühlen – ein Zustand, der
von Terrororganisationen durchaus ausgenutzt werden kann [72].

Die Führungskräfte haben hierbei eine ganz besondere Rolle und Verantwortung. Denn zwischen Vorsicht und Misstrauen verläuft ein schmaler Pfad.

Auch Überreaktionen sind zu vermeiden. Am Genfer Flughafen verlieren
nach den Anschlägen von Paris 30 Mitarbeiter ohne weitere Begründung ihren

Arbeitsplatz. Auffällig sind dabei die Gemeinsamkeiten: Mit zwei Ausnahmen haben alle einen französischen Pass, einen arabischen Namen und sind zum Großteil Muslime. Ein Zusammenhang zwischen Herkunft, Religion und Kündigung wird vom Flughafenbetreiber ausgeräumt [73].

Jegliche Maßnahme gegen Mitarbeiter sollte juristisch geprüft sein, um Verstöße gegen bestehende Gesetze, wie das Allgemeine Gleichstellungsgesetz (AGG), zu vermeiden. Das AGG untersagt beispielsweise in § 9 die Benachteiligung von Personen aufgrund von Religion und Weltanschauung. Ein pauschaler Ausschluss von bestimmten Tätigkeiten ist damit in Deutschland ohne Weiteres nicht möglich – ebenso wenig wie eine unbegründete Kündigung.

Exemplarische Übersicht: Sicherheitsvorkehrungen bei Mitarbeitern

- Regelmäßiger Abgleich der Mitarbeiter- und Bewerberdaten sowie der Namen der Geschäftspartner mit den Personen-Embargo-Listen der EU und der USA
- Persönliche Begleitung neuer Mitarbeiter in der Einarbeitungsphase
- Regelmäßige Schulungen und Informationen rund um das Thema Sicherheit und Gefahrenabwehr
- Nutzung der internen Kommunikation zur Sensibilisierung von Management und Mitarbeitern sowie zur Vermittlung von Informationen zum Risiko-Management
- Bei Auffälligkeiten von Mitarbeitern Rücksprache mit früheren Arbeitgebern
- Bei ernsten Verdachtsmomenten Einschaltung der Behörden
- Dokumentation und Auswertung sicherheitsrelevanter Vorkommnisse

---

Schutz von Betriebsstätten

Allein schon aufgrund des materiellen Wertes der Produkte und Güter werden Immobilien gesichert – durch Zäune, Video-Überwachung, verschließbare Tore, unternehmenseigene und externe Sicherheitsdienste und viele weitere Maßnahmen.

Eine wesentliche Schwachstelle ist der Mensch: Wie kann ein Unternehmen sicherstellen, dass bei jedem Besucher, Lieferanten und Pizzaboten die Zugangsberechtigung geprüft wird? Dass Papiere auch dann vorgezeigt werden, wenn es schnell gehen muss? Dass Mitarbeiter besonnen den Sicherheitsdienst bzw.

Sicherheitsbeauftragten informieren, wenn sich ein Unbefugter Zutritt verschafft oder sich eine Person auffällig verhält? Schlussendlich hängt von den Mitarbeitern ab, ob und wie schnell ein Risiko erkannt wird und welche Maßnahmen ergriffen werden können. Wird die Zugangskontrolle automatisiert beziehungsweise digitalisiert, setzt das Cyber-Risiko ein.

Die Betreiber von Immobilien ergreifen verschiedene Sicherheitsvorkehrungen, um sich vor Diebstahl und unbefugtem Zugang zu schützen. Dazu zählen u. a.: geschulte Sicherheitsbeauftragte und Security Teams, Zugangskontrollen, Chip-Karten für die Mitarbeiter, Drehkreuze, Video-Überwachung sowie Gitter und detektierte Zäune. Auch Drohnen können zur Überwachung eingesetzt werden. Kontinuierliche Sensibilisierung und Information der Mitarbeiter hilft der Verankerung von Sicherheitsdenken im Arbeitsalltag. Auch die enge Zusammenarbeit zwischen Unternehmen und Behörden gehört in der Regel zur Routine.

Das Sicherheitsniveau lässt sich testen – beispielsweise durch im Unternehmen unbekannte Personen, die im Auftrag des Managements versuchen, das Gelände zu betreten und sich Sicherheitsbereichen zu nähern, ohne sich auszuweisen.

Zum Schutze besonders gefährdeter Gebäude und Gelände oder in Ländern mit hohem Risiko setzen US-Behörden spezielle Barrieren ein, die in der Lage sind, Lkw nicht nur aufzuhalten, sondern gar zu spalten. Die unter dem Namen Terror-Bügel bekannt gewordene Konstruktion aus Stahl und Beton wurde vom *Texas A&M Transportation Institute* (TTI) in Zusammenarbeit mit dem amerikanischen Außenministerium entwickelt. Der Terror-Bügel ist fast einen Meter dick, erstreckt sich über 15 m Länge und wiegt rund 22,600 kg. Verankert wird er mit einem 18 cm dicken Betonfundament, so dass ein fast 7000 kg schwerer Lkw aufgehalten werden kann, wie ein Video eindrucksvoll zeigt [74].

Exemplarische Übersicht: Schutz von Betriebsstätten

- Zugangskontrolle, Sicherheitsdienste, detektierte Zäune, Sicherheitsbeauftragte und/oder Security-Dienste, Video- und Wärmbildkameras, Drohnen
- Abgleich aller Bewerber und Mitarbeiter mit den Personen-Embargo-Listen der EU und der USA
- Chipkarten für Mitarbeiter, Zugang über Drehkreuze
- Schulung der Mitarbeiter in Bezug auf Sicherheit

- Schutz der Computer-Systeme, im Wesentlichen Warenwirtschaftssysteme, Warehouse Management Systems und Inventory Management Systems
- Bei hoch gefährdeten Betriebsstätten Barrieren wie Terror-Bügel
- Dokumentation und Auswertung sicherheitsrelevanter Vorkommnisse
- Gefahrenabwehr- und Business-Contingency-Pläne
- Erfahrungsaustausch und Abstimmung der Sicherheitskonzepte zwischen den verschiedenen Akteuren entlang der Supply Chain

Sicherheit im Luftverkehr

Sowohl der Anschlag auf das russische Passagierflugzeug im Sinai Ende Oktober 2015 als auch der Anschlag Anfang Februar 2016 in Mogadischu soll mit Hilfe von Flughafenpersonal verübt worden sein [75]. Die sorgfältige Bewertung und Auswahl aller Mitarbeiter und Kandidaten, unabhängig von Funktion und Dauer des Einsatzes, ist damit Grundvoraussetzung für Sicherheit. Auch bei Aushilfspersonal ist das Einholen des polizeilichen Führungszeugnisses Pflicht. Veränderungen im Verhalten einzelner Mitarbeiter sind zeitnah zu hinterfragen und gegebenenfalls zu melden.

Nicht nur das Personal, auch die Luftfracht unterliegt strikten Kontrollen. So werden auf einem Teil der Flughäfen seit 2013 unter anderem speziell ausgebildete Sprengstoffspürhunde eingesetzt [76]. Diese kommen vor allem dann zum Einsatz, wenn große und sperrige Fracht kontrolliert werden muss, die für die Röntgendetektoren zu sperrig ist. Stehen keine Hunde bereit, wird voluminöse Fracht mit einem Sprengstoffdetektor untersucht. Dieser kommt beispielsweise auf dem Flughafen Stuttgart zum Einsatz. Der Logistik-Dienstleister Logwin kontrolliert dort seit April 2012 Luftfracht mit einem 1,80 m × 1,80 m großen Röntgenscanner – größer dürfen die Geräte nach Vorgaben des Luftfahrt-Bundesamtes nicht sein [77].

2014 wird im Vergleich zu 2013 auf deutschen Flughäfen 2,6 % mehr Luftfracht umgeschlagen – und damit insgesamt 4,4 Mio. Tonnen [78]. Allein am Fraport-Flughafen in Frankfurt – dem deutschen Flughafen mit dem höchsten Frachtaufkommen – waren dies 2014 etwas über 2,1 Mio. Tonnen [79]. Zum Schutz von Wirtschaft und Gesellschaft hat der Fraport – aufbauend auf den Vorgaben und Empfehlungen der Zivilluftfahrtorganisation ICAO – ein umfassendes Sicherheitskonzept entwickelt und umgesetzt [80].

Während der ältere Teil des Fraports mittels herkömmlicher Maschendrahtzäune geschützt ist, umgibt die Landebahn Nordwest ein detektierter Zaun. Die ruhestromüberwachten Drähte geben Alarm, wenn jemand versucht, den Zaun zu beschädigen, zu übersteigen oder unter dem Zaun auf das Flughafengelände zu gelangen. Auch das Anlehnen einer Leiter löst Alarm aus und erreicht direkt die Sicherheitszentrale. Von dort aus haben die Mitarbeiter dank 2500 installierter Videokameras die Geschehnisse sofort im Blick. Ist auf den Live-Bildern nichts zu erkennen, können sie auf die gespeicherten Aufnahmen zurückgreifen. Für die Überwachung in der Nacht ist das Gelände hell erleuchtet. Ergänzend dazu sind Wärmebildkameras im Einsatz. Zudem fahren Bundespolizei und das Sicherheitspersonal des Fraports auf dem Gelände regelmäßig Streife. Im Jahr 2014 kam es nach Angaben des Betreibers am Frankfurter Flughafen zu 202.784 sicherheitsrelevanten Vorkommnissen, die alle erfasst und dokumentiert wurden. Dazu gehören unter anderem Versuche von Mitarbeitern, mit abgelaufenem Ausweis Türen zu öffnen [81].

Flughafenbetreiber und Luftfahrtunternehmen arbeiten u. a. mit der Bundespolizei und EU-Inspektoren zusammen. Schwerpunkte sind dabei beispielsweise die Prozessoptimierung von Fluggaststeuerungs- sowie Sicherheitskontrollverfahren. Um Sicherheitslücken zu schließen werden von der Buchung bis zum Abflug alle Prozesse überprüft – inklusive der Wegführung, der Beschilderung und der Sicherheitskontrollen [82].

Im Kampf gegen den Terrorismus arbeiten auch internationale Sicherheitsbehörden immer enger zusammen [83]. Daten sowie Informationen von Geheimdiensten werden bilateral ausgetauscht, um Anschläge zu verhindern. Seit Jahren bereits werden die Daten von Flugreisenden in die USA übermittelt, um Reisebewegungen nachvollziehbar zu machen. Auch auf europäischer Ebene werden seit neuerem Daten von Flugpassagieren gespeichert [84].

Exemplarische Übersicht: Sicherheitsvorkehrungen auf Flughäfen

- Zugangskontrolle in den Frachtbereichen durch Sicherheitspersonal, Beleuchtung des Geländes in den Nachtstunden, Sicherheitsdienste, detektierte Zäune, Video- und Wärmbildkameras, Drohnen
- Abgleich aller Bewerber und Mitarbeiter mit den Personen-Embargo-Listen der EU und der USA
- Schulung der Mitarbeiter in Bezug auf Sicherheit
- Chipkarten für Mitarbeiter, Zugang über Drehkreuze, Mitarbeiterschulungen
- Prozessoptimierung von Fluggaststeuerungs- und Sicherheitskontrollverfahren

- Überprüfung der Frachtsendungen mittels Röntgengeräten, Sprengstoffhunden und Sprengstoffdetektoren
- Sicherheitszentrale zur schnellen Reaktion bei Gefahr
- Dokumentation und Auswertung sicherheitsrelevanter Vorkommnisse
- Cyber-Sicherheit
- Gefahrenabwehr- und Contingency-Pläne
- Erfahrungsaustausch und Abstimmung der Sicherheitskonzepte zwischen den verschiedenen Akteuren entlang der Supply Chain
- Zusammenarbeit mit der Bundespolizei und anderen Behörden, beispielsweise mit EU-Inspektoren

Der sichere Güterversand über die Schiene

Ansatzpunkte bei der Risikominderung im Güterschienenverkehr liegen vor allem im Bereich der Beladung – hier ist darauf zu achten, welche Güter verladen werden. Besondere Beachtung gebührt den Gefahrgütern, da von diesen das größte Risikopotenzial ausgeht. Um bewusste Manipulationen bei der Fracht zu vermeiden, müssen Mitarbeiter geschult und sensibilisiert sowie Hallen und Flächen mit modernster Technologie überwacht werden – Drohnen können ebenfalls zum Einsatz kommen.

Aber auch die Güterzüge erfordern Aufmerksamkeit. Entsprechende Sicherheitskonzepte bestehen bereits bei Verladern mit Gleisanschluss – um zu verhindern, dass Waggons mit Sendern oder Sprengstoffsätzen versehen werden. Waggons sollten grundsätzlich auf bewachten Gleisen, die nach Möglichkeit mit Videokameras ausgestattet sind, abgestellt werden. Dabei ist die Zusammenarbeit von Bahn-Unternehmen und Logistik-Dienstleistern gefragt.

Bei der zunehmenden Digitalisierung der Steuerung des Zugverkehrs sind entsprechende Cyber-Sicherheitskonzepte zu entwickeln. Eine weitere Verschärfung des Cyber-Risikos steht mit dem zu erwartenden Einsatz autonomer Züge an.

Exemplarische Übersicht: Sicherheitsvorkehrungen für den Schienentransport

- Zugangskontrolle in den Umschlagterminals, Beleuchtung des Geländes in den Nachtstunden, Sicherheitsdienst, detektierte Zäune, Video- und Wärmbildkameras, Drohnen
- Sicherung der Gleisanschlüsse bei Verladern und Logistik-Unternehmen

- Abstellen von Waggons nur auf überwachten Gleisen
- Sicherheitsprozess für die Beladung
- Abgleich aller Bewerber und Mitarbeiter mit den Personen-Embargo-Listen der EU und der USA
- Mitarbeiterschulungen in Bezug auf Sicherheit
- Cyber-Sicherheit
- Gefahrenabwehr- und Contingency-Pläne
- Erfahrungsaustausch und Abstimmung der Sicherheitskonzepte zwischen den verschiedenen Akteuren, beispielsweise Verladern, Logistikern und Bahn-Unternehmen
- Dokumentation und Auswertung sicherheitsrelevanter Vorkommnisse

Sicherheitsmaßnahmen im Straßengüterverkehr

Ein erhebliches Risiko resultiert aus der Zweckentfremdung von Fahrzeugen. Um zu verhindern, dass beispielsweise Lkw für terroristische Anschläge genutzt werden, sind entsprechende Sicherheitsvorkehrungen zu treffen – beispielsweise das Abstellen von Lkw auf bewachten Parkplätzen, die nach Möglichkeit mit Videokameras gesichert sind. Ist dies nicht möglich, sollten Lkw-Fahrer – auch im eigenen Interesse – die Parkplätze für die Ruhezeiten sorgfältig auswählen, beispielsweise gut beleuchtete und bewachte Gelände.

Weitere Vorsichtsmaßnahmen sind das regelmäßige Abschließen des Fahrzeugs – auch bei kurzem Halt – sowie die Kontrolle des Fahrzeugs und der Ladung nach jeder Pause. Auch das Nichtmitnehmen von Anhaltern oder unbekannten Personen trägt zum Schutz bei. Bei ungewöhnlichen Straßensperren oder (scheinbar) verletzten Personen auf der Fahrbahn ist ebenfalls Vorsicht geboten. Fahrer sollten durch Sicherheitsfahrtrainings auf Gefahrensituationen im Verkehr vorbereitet werden – dies schützt unter anderem vor provozierten Unfällen.

Zu den weiteren Präventionsmaßnahmen zählt Verschwiegenheit. Denn auch die Ladung des Lkw macht diesen für Terroristen interessant. Ist nicht bekannt, was wann über welche Strecken transportiert wird, verringert sich das Risiko. Interessant wird es, wenn bekannt wird, welche Route ein Lkw geladen mit Smartphones im Wert von 1,5 Mio. EUR – mehr als der Wert der Ladung eines Geldtransporters – nehmen wird [85]. Die Beute wird von Terroristen für die Finanzierung ihrer Tätigkeiten genutzt [86].

Da die Wert- und Routinginformationen in den Datenbanken der Dispositionsprogramme vorgehalten werden, spielt die Cyber-Sicherheit, d. h. der Schutz der Computer-Systeme, ebenfalls eine große Rolle. Das Risiko erstreckt sich dabei nicht nur auf den unbefugten Zugriff auf die Daten, sondern auch auf die Manipulation derselben zur Fremdsteuerung der Abläufe. Durch Cyber-Sicherheitsmaßnahmen wird beispielsweise vermieden, dass Lkw abgefangen oder Waren von Kriminellen gezielt in einem Umschlagsterminal auf eigene Lkw verladen und damit gestohlen werden.

Exemplarische Übersicht: Sicherheitsvorkehrungen für den Straßengüterverkehr

- Abgleich aller Bewerber und Mitarbeiter mit den Personen-Embargo-Listen der EU und der USA
- Sicherheitsprozesse für die Beladung
- Schulung von Mitarbeitern und Fahrern in Bezug auf Sicherheit
- Aufsuchen bewachter und gut ausgeleuchteter Parkplätze
- Abschließen der Fahrzeuge auch bei kleinen Pausen – gegebenenfalls Lkw mit Sensoren an den Türen und Kameras ausrüsten, zur Real-time-Überwachung
- Kontrolle des Fahrzeugs und der Ladung nach jeder Pause
- Keine Mitnahme von Anhaltern oder unbekannten Personen
- Keine Gespräche mit Dritten über Ladung, Wert oder Routen
- Sofortige Meldung ungewöhnlicher Routenänderungen aufgrund Sperrungen o. Ä. – gegebenenfalls Lkw mittels Sicherheitssystemen in Real-time nachverfolgen
- Cyber-Sicherheit: Schutz der Computer-Systeme, zum Beispiel vor unerlaubtem Zugriff auf die Routenplanung und Beladungsinformationen
- Dokumentation und Auswertung sicherheitsrelevanter Vorkommnisse
- Gefahrenabwehr- und Contingency-Pläne
- Erfahrungsaustausch und Abstimmung der Sicherheitskonzepte zwischen den verschiedenen Akteuren entlang der Supply Chain

Sicherheitsmaßnahmen in der Schifffahrt
In den USA sind Häfen Hochsicherheitsgebiete, zu denen die Öffentlichkeit keinen Zugang hat. In Deutschland ist dies mit den zahlreichen Binnenhäfen, auch mit dem Hamburger Hafen anders: Bei Touristen und Einheimischen ist der Hafen beliebtes Ausflugsziel. Da dieser mitten in der Stadt liegt, ist er leicht zu erreichen und kann auch nicht ohne Weiteres vom Stadtleben getrennt werden.

Dennoch reagiert der Hamburger Hafen auf die Terrorgefahr. Der Betreiber schützt sich unter anderem durch die konsequente Umsetzung des ISPS-Codes (Internationale Schiffs- und Hafenanlagen-Sicherheit). So sind beispielsweise die Kaianlagen des Hamburger Hafens Hochsicherheitsgebiet. Angesiedelte Unternehmen sind dazu verpflichtet, diverse Vorgaben einzuhalten. Sie müssen beispielsweise überwachen, wer Firmenräume und Firmengelände betritt. Um dies zu gewährleisten, wird von den Unternehmen auf dem Hafengelände in entsprechende Sicherheitstechnik wie Videokameras, Drehkreuze und Chip-Ausweise investiert. Bei den Personenkontrollen sind am Hamburger Hafen die Flughafenkontrollen der Maßstab. Dazu wird das Sicherheitspersonal der Unternehmen entsprechend geschult [87].

Überprüft werden nicht nur Besucher, sondern auch das Personal im Hafen und in den Unternehmen – und dies bereits, bevor sie ihre Arbeit aufnehmen. Vor allem Personen, die in besonderen Sicherheitsbereichen der Hafenanlagen arbeiten oder mit Sicherheitsaufgaben betraut sind, werden von der Hafensicherheit überprüft. Darüber hinaus gehören zu den Aufgaben der Hafensicherheit die Risiko- und Schwachstellenanalyse der Hafenanlagen und die Beratung der Hafenanlagenbetreiber bei der Erstellung der Gefahrenabwehrpläne. Die Prüfung und Genehmigung dieser Pläne liegt auch in ihrem Verantwortungsbereich. Das Wissen und die Erkenntnisse der Hafensicherheit fließen in Gremien wie die Hafensicherheitskommission und den Bund-Länder-Ausschuss Maritime Security mit ein [88].

Gefahr droht nicht nur auf dem Land, sondern auch vom Wasser aus. Deshalb schreibt der ISPS-Code nicht nur Sicherheitsoffiziere in den Häfen und Reedereien, sondern auch auf den Schiffen vor. Wichtig ist, zu wissen, welche Schiffe den Hafen ansteuern. Daher arbeitet der Hamburger Hafen seit 2003 – und damit als erster Hafen weltweit – mit dem neuen Automatischen Identifikationssystem (AIS). Eine Blackbox an Bord der Schiffe sendet via UKW-Funk alle nötigen Informationen wie Kurs, Geschwindigkeit, Identifikationsnummer, Länge, Breite, Tiefgang und das Funkrufzeichen an die relevanten Stellen an Land und an entgegenkommende Schiffe [89].

Ein besonderes Risiko besteht beim Passieren von Meerengen oder in Gewässern, in denen Schiffe häufiger gekapert werden. Seeleute werden in Bezug auf Gefahren sensibilisiert und geschult. Zusätzliche Möglichkeiten zur Sicherung von Schiff und Ladung eröffnet das *Internet der Dinge* – theoretisch könnte nicht nur jedes Schiff nahezu nahtlos am Bildschirm überwacht werden, sondern auch die Ladung jedes einzelnen Containers. Auch Regierung und Behörden leisten Unterstützung – beispielsweise die deutsche Marine, die zum Schutz vor den

Küsten patrouillieren kann, um bei Bedarf schnell eingreifen zu können. Damit derartige Interventionen nicht zu politischen Spannung führen, müssen im Vorfeld zwischen den beteiligten Staaten die Motive, Vorhaben und Kompetenzen abgesprochen und die möglichen Interventionen gebilligt werden.

Weiteres Bedrohungspotenzial geht von Hilfsmitteln für den Umschlag und Transport aus. Beispiel Seecontainer: Einmal verschlossen, gibt dieser in der Regel den Inhalt erst wieder beim Empfänger preis. Daher verabschieden die USA im Jahr 2007 ein Gesetz, nach dem Container ab 2012 zu 100 % gescannt werden müssen [90]. Angesichts der hohen Transportmengen, die über Meere und Ozeane befördert werden, ist dies allerdings wenig praktikabel und würde zu Staus in den Häfen führen. Zur Erleichterung der Wirtschaft erfolgt die Umsetzung der Vorgabe nicht wie ursprünglich geplant, sondern wird verschoben – im Jahr 2014 erneut um zwei weitere Jahre [91].

Aufgrund des nicht zu unterschätzenden Bedrohungspotenzials beteiligt sich der Hafen Hamburg an einem Projekt zur Entwicklung einer Alternative zum Scan: die weltweite Einführung eines elektronischen Siegels an allen Containern – basierend auf der RFID-Technik (Radio Frequency Identification Data).

Auch ohne Container-Scan und Siegel erreichen Seehäfen wie beispielsweise der Smart Port Hamburg mittels Gebäude- und Anlagenschutz, leistungsfähiger IT-Lösungen und der konsequenten Weiterbildung der Mitarbeiter bereits ein hohes Sicherheitsniveau [92]. Allerdings ist das Beispiel Hamburg keineswegs globaler Standard.

Exemplarische Übersicht: Sicherheitsvorkehrungen auf Schiffen und in Häfen

- Umsetzung des International Ship and Port Facility Security (ISPS) Codes
- Umwandlung von Hafengebieten und Kaianlagen in (Hoch-)Sicherheitsgebiete mit entsprechendem Schutz
- Beleuchtung des Geländes in den Nachtstunden, Sicherheitsdienste, detektierte Zäune, Video- und Wärmbildkameras, Drohnen
- Abgleich aller Bewerber und Mitarbeiter mit den Personen-Embargo-Listen der EU und der USA
- Chipkarten für Mitarbeiter, Zugang über Drehkreuze, Leibesvisitationen
- Einsatz von Sicherheitsoffizieren im Hafen, in Reedereien und auf Schiffen

- Automatisches Identifikationssystem für Schiffe (AIS)
- Schulung der Mitarbeiter in Bezug auf Sicherheit
- Überprüfung der Frachtsendungen mittels Röntgengeräten, Sprengstoff-hunden und Sprengstoffdetektoren
- Schutz der Computer-Systeme vor Cyber-Angriffen
- Dokumentation und Auswertung sicherheitsrelevanter Vorkommnisse
- Gefahrenabwehr- und Contingency-Pläne
- Erfahrungsaustausch und Abstimmung der Sicherheitskonzepte zwi-schen den verschiedenen Akteuren entlang der Supply Chain

Software-Lösungen und der Einsatz neuer Technologien
80 % der Logistiker haben in einer Umfrage des Logistikmarktforschers Trans-port Intelligence fehlende Transparenz in der Lieferkette bemängelt. Vor diesem Hintergrund entwickeln Logistik-Dienstleister gemeinsam mit traditionellen IT-Unternehmen wie AEB, Manhattan oder SAP Lösungen, um die Visibility ent-lang der Supply Chain zu erhöhen. Vermehrt werden Cloud-basierte Systeme eingesetzt, auf die die Zugriffsberechtigten jederzeit und an jedem Ort zugreifen können. Dies ist nicht nur für kleinere und mittlere Unternehmen aufgrund der geringeren Investition, der einfacheren Wartung und Handhabung sowie der höhe-ren Flexibilität interessant, sondern auch für Großkonzerne [93].

Die DHL nutzt *Resilience 360°* – eine Eigenentwicklung, die den Mitarbeitern und internen Teams seit 2014 zur Verfügung steht. Das Tool bietet einen ganz-heitlichen Blick auf die Lieferkette – und dies in Fast-Echtzeit. Analysiert werden Bio-Daten, Einschätzungen der DHL-Mitarbeiterinnen und DHL-Mitarbeiter vor Ort sowie Informationen der Rückversicherer und aus den Social-Media-Kanä-len. Die sozialen Medien sind ein Frühwarnindikator. In der Regel wird in die-sen schneller über Ereignisse berichtet als über traditionelle Kanäle. *Resilience 360°* kann auf Wunsch auch von Kunden der DHL genutzt werden. Zudem soll das Tool künftig auch anderen Interessenten offenstehen.

Neue Dimensionen eröffnet auch hier das *Internet der Dinge*, das heißt das weitgehende Ersetzen des Computers durch intelligente Geräte [94]. Mittels *Internet der Dinge* können durch Sensorentechnologie intelligente Objekte Infor-mationen über Situationen und Sachverhalte – beispielsweise das Öffnen und Schließen von Toren, Türen und Fenstern – aufnehmen, analysieren und weiterge-ben. So können Lkw, Containerschiffe und Flugzeuge technisch nahezu lückenlos nachverfolgt werden. Der Malaysian-Airlines-Flug MH370 zeigt jedoch, dass die Systeme gewollt oder ungewollt noch Lücken aufweisen [95].

Beginnt das Internet der Dinge selbstständig zu denken, spricht man vom kognitiven Internet der Dinge [96]. Der Einsatz kognitiver Datenverarbeitung ermöglicht, große Mengen strukturierter und unstrukturierter Daten entlang der Supply Chain aufzunehmen, zu verarbeiten und daraus Schlussfolgerungen zu ziehen. Darüber hinaus können mittels Predictive Analytics [97] Aussagen über mögliche zukünftige Situationen und Zustände gemacht werden. Allerdings gibt es auch hier Nebenwirkungen. Da Predictive Analytics nicht auf Kausalität, sondern Korrelation beruht, können beispielsweise Unschuldige kriminelle Muster in ihrem Verhalten aufweisen und unbegründet in Verdacht geraten.

Was E-Commerce-Unternehmen wie Amazon und Paket-Dienstleister wie die Deutsche Post DHL auf dem Lande testen, probt Maersk in der Seeschiffart: Die Reederei hat mit dem Test von Drohnen zur Versorgung der Besatzungen von Schiffen mit kleinen Ersatzteilen, Medikamenten und Post begonnen [98]. Was für den Transport durch die Luft tauglich ist, kann auch zur Unterstützung bei der Überwachung von Betriebsstätten, Häfen, Meerengen und anderem eingesetzt werden. Mit Kameras bestückte autonome Fluggeräte können andere Sicherheitssysteme ergänzen.

Moderne Supply Chains sind ohne leistungsfähige IT-Systeme nicht mehr denkbar – die Steuerung erfolgt heute mittels Tastatur und Bildschirm, wenn nicht gar selbstregulierend im geschlossenen Kreislauf. Der Zugriff auf Daten und Systeme durch Unbefugte kann daher erhebliche Folgen haben. Cyber-Sicherheit ist von immenser Wichtigkeit. Diese erfordert Investitionen in qualifiziertes Personal, kontinuierliche Schulung und externe Experten.

Schutzgemeinschaft entlang der Supply Chain
Die Gewährleistung von Sicherheit entlang der Supply Chain ist nicht nur aufgrund der IT-Systeme, sondern auch wegen der zahlreichen Komponenten, Akteure und Einflussfaktoren ein umfangreiches und komplexes Unterfangen. Sicherheit lässt sich daher am effektivsten und effizientesten kollektiv sicherstellen. Daher wird der Austausch von Informationen und die Zusammenarbeit der Akteure – auch unter Wettbewerbern – im Supply-Chain-Ecosystem immer geläufiger. Diese Kollaboration beschränkt sich nicht auf Wirtschaftsakteure, sondern erstreckt sich auch auf die Zusammenarbeit der Unternehmen mit nationalen und internationalen Behörden.

Aber auch die Behörden untereinander arbeiten in der heutigen vernetzten Welt enger zusammen. So wird Ende 2004 in Berlin das *Gemeinsame Terrorismusabwehrzentrum* (GTAZ) eingerichtet, das sich als Kooperations- und Kommunikationsplattform von 40 nationalen Behörden aus dem Bereich Innere

Sicherheit versteht. An dem Projekt beteiligen sich unter anderem das Bundesamt für Verfassungsschutz, das Bundeskriminalamt, der Bundesnachrichtendienst, der Generalbundesanwalt, die Bundespolizei, das Zollkriminalamt, das Bundesamt für Migration und Flüchtlinge, der Militärische Abschirmdienst, die Landesämter für Verfassungsschutz und die Landeskriminalämter. Mit der *Nachrichtendienstlichen* und der *Polizeilichen Informations- und Analysestelle* (NIAS und PIAS) werden zwei wichtige Säulen geschaffen. Die Behörden arbeiten in verschiedenen Arbeitsgruppen zusammen. Zu den Aufgaben dieser Arbeitsgruppen zählen die Fallbearbeitung sowie das Erstellen von Gefahrenprognosen und mittel- bzw. längerfristigen Analysen. Die Arbeit zeigt Wirkung. Zu den Erfolgen des GTAZ zählt beispielsweise die Verhinderung von Anschlägen durch die sogenannte Sauerland-Gruppe [99].

Zur Schutzgemeinschaft entlang der Supply Chain kann auch die *Schutz- und Aktionsgemeinschaft zur Erhöhung der Sicherheit in der Spedition* (s. a. f. e.), eine Initiative des Deutschen Speditions- und Logistikverbands, gezählt werden. Dabei geht es in erster Linie um die gemeinsame Bekämpfung von Diebstählen.

Das Restrisiko absichern

Trotz aller Vorkehrungen bleibt ein Restrisiko. Um dieses abzudecken, schauen die Unternehmen auf die Versicherer. Dies insbesondere in Anbetracht der weitreichenden potenziellen finanziellen Folgen, die bei einem Anschlag und einer daraus resultierenden Störung oder Unterbrechung der Supply Chain drohen. Da reichen die eigenen Mittel – insbesondere von kleinen und mittleren Unternehmen – u. U. zur Deckung nicht aus.

Zudem wird die Terrorgefahr nach den Anschlägen in New York 2001 weltweit aus den Sach- und Berufsunfähigkeits-Deckungen ausgeschlossen. Infolgedessen entstehen in einzelnen Ländern Spezialversicherer. In Deutschland deckt seit 2002 die auf Initiative der Versicherungswirtschaft gegründete *Extremus Versicherungs-AG* das Risiko terroristischer Anschläge, sofern diese in Deutschland erfolgen – eine Einschränkung, die in der auf Deutschland beschränkten Staatsgarantie begründet liegt. Seit 2005 arbeitet der Spezialversicherer international mit Kooperationspartnern zusammen, so dass auch die Risiken der globalen Lieferkette abgesichert werden können [100].

Als Ergänzung sichern sich immer mehr Unternehmen gegen terroristisch motivierte Entführungen von Mitarbeitern im Ausland sowie Erpressung, Cyber-Attacken und Sabotagehandlungen ab – dies infolge der Zunahme der Gefahr von Wirtschaftsspionage durch Unternehmen und Staaten [101].

2.3   Spezielle Vorschriften und Initiativen

Um die Sicherheit entlang der Supply Chain zu gewährleisten, gibt es zahlreiche Vorschriften und Initiativen. Nachstehend einige Beispiele.

Im Seeverkehr gelten seit Juli 2004 umfangreiche, von der Internationalen Schifffahrtsorganisation (IMO), einer Sonderorganisation der Vereinten Nationen, erarbeitete Sicherheitsmaßnahmen zur Verbesserung der Abwehr von Bedrohungen – beispielsweise der International Ship and Port Facility Security (ISPS) Code. Anwendung findet der ISPS-Code bei Frachtschiffen mit einer Tonnage ab 500 Bruttoraumzahl (BRZ), Fahrgastschiffen in internationaler Fahrt sowie bei Hafenanlagen, an denen diese Schiffe abgefertigt werden. Jedes dieser Schiffe muss einen von der Verwaltung genehmigten Gefahrenabwehrplan an Bord mitführen. Dieser beschreibt die Maßnahmen, die im Ernstfall zu ergreifen sind [102]. Des Weiteren gibt es die EU-Verordnungen 725/2004 zur Erhöhung der Gefahrenabwehr auf Schiffen und in Hafenanlagen [103] und 2005/65/EG zur Verbesserung der Gefahrenabwehr in Häfen [104] sowie das *Übereinkommen zur Bekämpfung widerrechtlicher Handlungen gegen die Sicherheit der Seeschifffahrt* (engl. Convention for the Suppression of Unlawful Acts against the Safety of Maritime Navigation, kurz SUA). Mit dieser Konvention, die im Zuständigkeitsbereich der IMO liegt, verpflichten sich die unterzeichnenden Staaten, jedes Verhalten, das die Sicherheit der Seeschifffahrt bedroht, zu untersagen und zu sanktionieren.

Zudem etabliert die Initiative *The Common Information Sharing Environment (CISE)* der Europäischen Kommission Richtlinien für die kooperative Überwachung der maritimen Wirtschaft. Zur Realisierung des CISE wurden sechs fundamentale Schritte identifiziert: Feststellung aller Nutzer Gemeinschaften (unter Berücksichtigung des ISPS Codes); Mapping der Daten und Gap-Analyse sowie Feststellung, welche Daten verfügbar sind, aber noch nicht ausgetauscht werden; Identifikation gemeinsamer Datenklassifizierungsebenen; Entwicklung eines technischen Rahmenwerkes – basierend auf dem Konzept eines Netzwerkes aus verknüpften bestehenden Systemen; Bestimmung der Zugangsrechte sowie die Einhaltung der rechtlichen Gegebenheiten. Ziel ist, das CISE bis 2020 einzuführen [105].

Eine den Seeverkehr betreffende Maßnahme, die von den USA ergriffen wird, ist das bereits erwähnte Gesetz zur 100 %igen Containerdurchleuchtung (Public Law 110–53, Implementing the 9/11 Commission Recommendations Act of 2007). Nach diesem Gesetz sollte ab 2012 jeder Container, der in die USA verschifft wird oder diese beim Transport berührt, im Abgangshafen auf Kosten des

Absenderlandes vollständig durchleuchtet werden [106]. Diese Regelung wird mehrfach verschoben und ist somit bis heute noch nicht in Kraft getreten. Die Einführung würde wahrscheinlich zu Staus und Verzögerungen in den Häfen führen.

Die Sicherheit der maritimen Wirtschaft wird auch auf höchster Ebene diskutiert, so beispielsweise im April 2015 auf der G7-Konferenz in Lübeck. Das Ergebnis der Diskussion ist in der *G7 Foreign Ministers' Declaration on Maritime Security* zusammengefasst [107].

Im Luftverkehr bestehen traditionell strikte Sicherheitsvorschriften. Relevant für die Sicherheit der Lieferkette sind die EG-Luftsicherheitsverordnungen Nr. 300/2008 und Nr. 2320/2002. Im Jahre 2003 hat die EU zudem die Verordnung (EG) Nr. 1217/2003 zur Festlegung gemeinsamer Spezifikationen für nationale Qualitätskontrollprogramme für die Sicherheit der Zivilluftfahrt erlassen. Zu den weiteren Regelungen im Bereich der Sicherheitsvorschriften zählen das Luftsicherheitsgesetz (LuftSiG), das Luftverkehrsgesetz (LuftVG) und die Luftsicherheits-Schulungsverordnung (LuftSiSchulV) [108].

Des Weiteren dienen in Deutschland u. a. das Außenwirtschaftsgesetz, das Geldwäschebekämpfungsgesetz sowie die Sicherungsbestimmungen für Gefahrguttransporte dem Schutz der Supply Chain.

Auf europäischer Ebene zählt die Richtlinie 114/2008/EG zum Schutz europäischer kritischer Infrastrukturen zu den relevanten Vorschriften. Konkret geht es dabei um Infrastrukturen, bei denen durch eine gravierende Beeinträchtigung aufgrund terroristischer Anschläge die Grundversorgung der Bevölkerung gefährdet ist – und dies in mindestens zwei europäischen Ländern [109]. Dementsprechend zählen sowohl der Duisburger Binnenhafen als auch der Hamburger Hafen zu den europäischen kritischen Infrastrukturen.

Ergänzt werden die vorgenannten Sicherheitsvorschriften durch die geltenden Sicherheits-Initiativen der Wirtschaft wie ISO/PAS 28000 ff. – eine globale Norm bzw. ein Management-System. Zur Erhöhung der Sicherheit werden die Prozesse abgebildet und vereinheitlicht. Dies entspricht der Idee der Supply Chain Map. Anforderungen an Technik oder physische Sicherungseinrichtungen werden in dieser Norm nicht gestellt. Seit 1997 besteht zudem die *Transport Asset Protection Association (TAPA)*, die heute mehr als 600 Mitglieder zählt. Sie hat verschiedene Standards entwickelt, um die Sicherheitsbedrohungen innerhalb der internationalen Lieferketten zu reduzieren [110].

2.4 Aufklärung und Abwehr im digitalen Zeitalter

Die Prävention ist das ultimative Ziel der Sicherheitsstrategien. Im Jahr 2007 wird in Deutschland auf nationaler Ebene und nach dem Vorbild des *Gemeinsamen Terrorismusabwehrzentrums* (GTAZ) das *Gemeinsame Internetzentrum* (GIZ) eingerichtet. Hier arbeiten Vertreter des Bundesamtes für Verfassungsschutz, des Bundeskriminalamtes, des Bundesnachrichtendienstes, des Amtes für den Militärischen Abschirmdienst und der Generalbundesanwaltschaft zusammen. Gemeinsam beobachten und analysieren sie Veröffentlichungen mit radikalen Inhalten im Internet. Ziel ist es dabei, frühzeitig extremistische und terroristische Strukturen und Aktivitäten zu erkennen und zeitnah an die Entscheider zu berichten, um Anschläge zu verhindern oder bei Bedarf ein rasches Eingreifen zu ermöglichen [111].

Auch Organisationen wie beispielsweise *Search for International Terrorist Entities* [112] sammeln Daten und Informationen, werten diese aus und stellen sie den Geheimdiensten zur Verfügung. Die Geheimdienste sind im Bereich Internet ebenfalls aktiv. So soll das FBI mit Hilfe des Internet-Überwachungsprogramms *Carnivore* E-Mails von *al-Qaida*-Terroristen abgefangen haben. Durch diverse Trojaner auf den Computern der Terroristen sollen so mehrfach Anschläge verhindert worden sein [113]. Die Behörden können – je nach eingesetzter Technologie – bereits bei der Eingabe der Informationen auf dem Computer mitlesen. Möglich machen dies Keyboard Logging Systems (KLS). Diese zeichnen die Tastatureingaben auf und leiten diese in Echtzeit weiter [114]. Zusammen mit klassischen Ermittlungsmethoden dienen diese Tools der Aufklärung und Verhinderung terroristischer Anschläge im digitalen Zeitalter.

Auch Interpol engagiert sich in der Abwehr. Die Behörde sammelt, analysiert und speichert Informationen über verdächtige Personen und Terrorgruppen. Die Informationen und Hinweise werden mit den Mitgliedsländern über ein eigenes, sicheres globales Kommunikationsnetz ausgetauscht. Seit 2002 ist die *Fusion Task Force* (FTF) der Interpol aktiv. Sie verfolgt einen interdisziplinären Ansatz, um die Mitglieder internationaler Terrorgruppen zu identifizieren und ihre Beteiligung an Terrorakten nachzuweisen. Regionale Arbeitsgruppen des globalen Netzwerks bestehen in den Regionen Mittlerer Osten und Nordafrika, Süd- und Mittelamerika, Afrika, Zentral- und Südasien, Südost-Asien und Pazifik-Inseln sowie in Europa [115].

Terrorbekämpfung zählt auch zu den Prioritäten der Europol. Die europäische Polizeibehörde mit Sitz in Den Haag koordiniert die Arbeit der nationalen Polizeibehörden Europas in Bezug auf die grenzüberschreitende

Kriminalitätsbekämpfung und fördert den Informationsaustausch zwischen den einzelnen Behörden. Europol veröffentlicht einmal jährlich den *European Terrorism Situation & Trend Report* (TE-SAT). Der Report enthält Daten über terroristische Aktivitäten in der Europäischen Union, aber auch Analysen für die Polizeikräfte der Länder. Im Bericht werden die verschiedenen terroristischen Gruppierungen, beispielsweise Separatisten, durchleuchtet und Angaben, beispielsweise zu Altersstrukturen oder Anzahl der Festnahmen, gemacht [116]. Europol arbeitet mit Interpol zusammen. Mit den USA wird 2001 eine Vereinbarung zur strategischen und technischen Kooperation geschlossen. 2002 folgt ein Abkommen auf operativer Ebene. Dieses erlaubt den Austausch personenbezogener Daten – ein wichtiger Schritt für die grenzüberschreitende Präventionsarbeit [117].

Viele Staaten kooperieren auf dem Gebiet der Abwehr. So tauscht die EU mit arabischen Staaten Geheimdienstinformationen aus und sendet Sicherheitsexperten zum Zwecke des Erfahrungsaustausches in ausländische EU-Vertretungen [118]. Der Austausch von Daten ermöglicht beispielsweise die Analyse von Bewegungsmustern und das Erkennen von Gruppenzugehörigkeiten. Dadurch lassen sich Entwicklungen erkennen und somit Anschläge verhindern.

Fazit 3

Die Bedrohungen entlang der Supply Chain sind reell – daran besteht kein Zweifel. Allerdings wird das Risiko trotz des Anstiegs der Zahl der Anschläge auf die Lieferkette weiterhin als gering eingestuft. Und es gibt durchaus auch positive Entwicklungen. So meldet Anfang 2016 der Versicherungsmakler *Aon Risk Solutions*, dass sich die Risikobilanz – erstellt mittels der *Aon Political Risk Map* – erstmals seit drei Jahren im Vergleich zum Vorjahr insgesamt verbessert habe. Dies wird u. a. auf die Antikorruptionsreformen in China und die Aufhebung der Sanktionen gegen den Iran zurückgeführt. *Aon Risk Solutions* mahnt jedoch, dass das geringere Weltwirtschaftswachstum eine potenzielle Herausforderung in Bezug auf die globale Risikosituation darstellt [119].

Neue Technologien ermöglichen es, die Produktionsstätten näher an die Märkte zu verlagern. Denn die Qualität kann heute dank moderner Technologien und des Internets auch in einem Netz weit verstreuter Produktionsstandorte sichergestellt werden. Durch die Aufteilung zentraler Produktionsstätten auf mehrere dezentrale Fabriken wird das Risiko gestreut. Die Folgen eines möglichen Anschlages auf eine Produktionsstätte sollten dementsprechend geringer ausfallen. Die hohe Konzentration von Frachtvolumen in den Hauptpassagen der maritimen Wirtschaft, wie die Malakka-Straße oder der Panama-Kanal, bleiben weiterhin bestehen und stellen ein Risiko für die Versorgung von Wirtschaft und Gesellschaft dar.

Regierungen und Behörden, Organisationen und Unternehmen sind sich der Risiken bewusst – das Thema Terrorismus wird ernstgenommen. Die Zusammenarbeit zwischen den Akteuren im Supply-Chain-Ecosystem wird immer wichtiger und nimmt zu. Unternehmen und Behörden arbeiten heute Hand in Hand. Die Sicherheitskonzepte werden kontinuierlich verbessert. Jedoch haben vielfach die staatlichen Maßnahmen infolge von Anschlägen erhebliche negative

© Springer Fachmedien Wiesbaden 2017   39
W. Lehmacher, *Steht unsere Versorgung auf dem Spiel?*, essentials,
DOI 10.1007/978-3-658-14688-7_3

wirtschaftliche Folgen. Hier besteht Bedarf an weiterer Feinabstimmung und der Entwicklung ausgewogener gemeinsamer Strategien.

Die Aufmerksamkeit und Maßnahmen seitens der Supply-Chain Verantwortlichen zur Gewährung der Sicherheit entlang der Supply Chain richten sich vor allem auf die sorgfältige Auswahl und die Begleitung der Mitarbeiter, den Schutz der Betriebsstätten, Transportmittel und Computer-Systeme sowie die Zusammenarbeit mit den anderen Akteuren im Supply-Chain-Ecosystem, einschließlich der nationalen und u. U. internationalen Behörden.

Auch das Thema Finanzierung bedarf erhöhter Aufmerksamkeit. Mit dem Bekanntwerden der Panama Papers im April 2016 wird die Finanzierung von Terrormilizen durch Offshore-Firmen europaweit debattiert. Ob und in welchem Umfang Terrororganisationen über solche Firmen Gelder bezogen haben, wurde noch nicht veröffentlicht. Gleichzeitig berichtet die *Süddeutsche Zeitung*, dass sich das Assad-Regime über die Kanzlei Mossack Fonseca (Mossfon) Mittel beschafft und so die Sanktionen ausgehebelt hat. Laut Recherchen der Tageszeitungen sollen zudem Unterstützer und Finanziers der *al-Qaida* auf der Kundenliste der Agentur stehen [120].

Neben Wirtschaft und Staat tragen auch die Medien einen Teil der Verantwortung. Sie sollten zur Beruhigung und Information der Stakeholder beitragen, indem sie sachlich und unspektakulär berichten.

In besonderem Maße gewinnt die Cyber-Sicherheit an Bedeutung. Die Supply Chain Visibility, das heißt die möglichst vollkommene Verfügbarkeit von Informationen über Güter, Bestände, Produktionsabläufe, Warenbewegungen und beteiligte Parteien, spielt eine wachsende Rolle bei der Steuerung und beim Umgang mit Bedrohungen entlang der Supply Chain. Güterzüge und Lkw, Containerschiffe und Flugzeuge, aber auch das Geschehen in den Produktionshallen und Lagern lassen sich heute theoretisch lückenlos und von jedem Ort aus nicht nur verfolgen, sondern auch steuern. Dies bringt Effizienzgewinne, eröffnet allerdings auch Möglichkeiten des Missbrauchs. Das Supply-Chain-Ecosystem kann wie ein soziales Netzwerk organisiert und auf dem Bildschirm dargestellt werden. Dabei ist Visibility von (vollkommener) Transparenz abzugrenzen. Denn obwohl technisch auf Dauer nahezu alles sichtbar gemacht werden kann, sind Belange nationaler Sicherheit, Firmengeheimnisse sowie die Privatsphäre des Individuums nach wie vor zu schützen. Einige Stimmen verlangen den vollkommenen Zugriff auf alle Systeme, Daten und Informationen. Die Abwägung der verschiedenen Positionen ist nicht einfach. So geht es beispielsweise dem FBI bei der Frage, ob Apple der Organisation beim Auslesen eines Smartphones hilft, um Opfer und Gerechtigkeit, Apple hingegen um den Schutz und die Sicherheit der Systeme [121]. Die aktuelle Diskussion zwischen Apple und dem FBI zeigt auch, dass das

Einrichten der vom FBI geforderten Hintertüren in die IT-Systeme von Smartphones auch aus Sicherheitsgründen bedenklich erscheint [122].

Das richtige Maß der Dinge

Als Reaktionen auf die Flüchtlings„welle" und aus Angst vor terroristischen Aktivitäten ertönt der Ruf nach Schließung der Grenzen beziehungsweise einzelner Grenzabschnitte. Was für mehr Sicherheit sorgen soll, hat weitgehende Folgen für Wirtschaft und Gesellschaft. Denn der europäische Wohlstand resultiert nicht nur aus dem freien Personenverkehr, sondern vor allem aus dem freien Austausch und Fluss der Waren. Potenzielle Maßnahmen sind deshalb sorgfältig im Interesse aller abzuwägen.

Handelshemmnisse wie Grenzkontrollen haben konkrete Auswirkungen auf alle Akteure: Sie kosten Zeit und verursachen Unsicherheit. Ob ein Lkw an der Grenze durchgewunken wird oder aber zwei oder mehr Stunden auf die Kontrolle wartet, hat unter Umständen erhebliche Auswirkung auf die nachgelagerten Arbeitsschritte in der Wertschöpfungskette. Direkt stehen Zeitfenster an den Lade- und Entladerampen, Lenk- und Ruhezeiten der Fahrer sowie zugesagte und im Zweifel vertraglich garantierte Liefertermine auf dem Spiel. Indirekt werden u. a. wichtige Arbeitsabläufe in der Produktion beeinträchtigt. Die Mehrkosten tragen im Zweifelsfall die Kunden und Bürger.

Welche Folgen die Beeinträchtigung an den Grenzen haben kann, zeigt das Beispiel Großbritannien. Nach Angaben des *Supply Chain Security Risk Index*, herausgegeben vom amerikanischen Dienstleister *BSI*, hat die europäische Flüchtlingszahl die britische Wirtschaft allein im Jahr 2014 mit einem Betrag von 942 Mio. EUR belastet – verursacht durch Verzögerungen sowie die Zerstörung von Gütern und medizinischem Bedarfsmaterial. Durch die – zeitweise – Schließung des Eurotunnels und die Kontrollen vor dem Tunnel kommt es zu Verzögerungen von bis zu neun Stunden. Viele Lkw-Fahrer weigern sich aus Angst vor Übergriffen und/oder Strafverfolgung im Falle der erfolgreichen Kaperung eines Lkw, die Strecke über Calais zu fahren [123].

In Deutschland warnt im Januar 2016 der Außenhandelsverband *BGA* davor, dass mit dauerhaften Grenzkontrollen das deutsche Geschäftsmodell gefährdet ist [124]. Konkret warnt *DIHK*-Hauptgeschäftsführer Martin Wansleben vor Schäden oder Mehrkosten in Höhe von bis zu zehn Milliarden Euro im Jahr für die Wirtschaft. Neben den bereits genannten Staus und Wartezeiten werden als Ursachen für die Mehrkosten auch zusätzlicher bürokratischer Aufwand und die Umstellung von Just-in-Time-Lieferungen auf die deutlich teurere Versorgung aus Lagerhaltung genannt. Nach Ansicht des DIHK-Hauptgeschäftsführers sei vor allem der Landverkehr innerhalb der Europäischen Union betroffen – und damit rund 80 % des Handelsvolumens Deutschlands mit anderen EU-Ländern. Dies entspricht einem Handelsvolumen von 1,2 Billionen EUR in 2014 bzw. circa 57 Mio. grenzüberschreitende Straßentransporte jährlich [125].

Unsere kollektive Verantwortung
100-prozentige Sicherheit ist Illusion. Dabei ist die größte Schwachstelle der Mensch selbst. Ob aus dem Aus- oder Inland, ob direkt als Terrorist oder als Helfer – der Mensch ist Ausgangspunkt: Menschen werden zu Komplizen bei der Finanzierung, geben Zugang zu Informationen und Steuerungssystemen, öffnen Türen oder führen als Attentäter Anschläge aus. Die Gründe und Motive sind vielfältig. Gerade deshalb ist im Bereich des Personalmanagements mehr gefragt als der Abgleich mit den Sanktionslisten und das Einholen des polizeilichen Führungszeugnisses. Diese Routinen müssen durch die Begleitung der Mitarbeiter, regelmäßige Schulung und kontinuierliche Sensibilisierung und Information des Personals ergänzt werden. Den Mitarbeitern muss die kollektive Verantwortung für das Wohl der Gemeinschaft bewusst sein. Kollegen und Vorgesetzte dürfen auffälliges oder radikales Verhalten nicht einfach hinnehmen, sondern müssen sich mit den jeweiligen Fällen aktiv auseinandersetzen. Gegebenenfalls ist das Gespräch mit dem Mitarbeiter zu suchen. Bei ernsten Verdachtsmomenten sind Experten und Behörden einzuschalten.

Nicht nur Unternehmen und Staat stehen in der Verantwortung, sondern auch der Verbraucher. In Deutschland ist jede zwölfte geraucht Zigarette illegal. Die Verkaufserlöse gehen an Kleinkriminelle, aber auch an die Mafia oder Terrorgruppen. Diese finanzieren damit u. a. die Errichtung von Terrorcamps und die Vorbereitung von Anschlägen [126]. Wir sind in der kollektiven Verantwortung, den Fälscherringen das Handwerk zu legen und nicht zu Komplizen der Gewalt zu werden. Jede Art der Korruption ist zu bekämpfen, denn diese wird als wesentliche Ursache für Radikalisierung und Terrorismus angesehen.

Wir alle müssen dafür Sorge tragen, dass sich Menschen nicht radikalisieren lassen, dass jeder einen Platz in der Gesellschaft findet, an dem er im Rahmen der gegebenen Möglichkeiten seine Ziele verwirklichen kann. Unabhängig davon, ob es sich um Ansässige oder um Neuankömmlinge handelt: Menschen bedürfen des Respekts, der Integration und manchmal auch der Unterstützung durch die Gemeinschaft – unabhängig von ethnischer Herkunft, Hautfarbe und sozialem Status. Die neue Zahl der Flüchtlinge erfordert neben einer strukturierten Vorgehensweise seitens Staat, Behörden und EU Verständnis, Offenheit und Entgegenkommen seitens der Bevölkerung. Dabei sollten wir stets im Bewusstsein behalten, dass die Attentate in Paris im November 2015 ausschließlich von

Menschen begangen wurden, die in Europa aufgewachsen sind. Beherzigen wir kollektiv unsere Verantwortung zur gegenseitigen Fürsorge und Unterstützung, werden den terroristischen Gruppen viele Argumente entzogen. Dies wird nicht nur die Supply Chain und unsere Versorgung ein erhebliches Stück sicherer, sondern auch unser Dasein lebenswerter machen.

Was Sie aus diesem *essential* mitnehmen können

- Eine Einschätzung des Risikopotenzials der terroristischen Bedrohung entlang der Supply Chain
- Anhaltspunkte für mögliche Angriffsflächen und Schwachstellen in der Lieferkette
- Konkrete Beispiele von Sicherheitsvorkehrungen seitens Behörden, Unternehmen zum Schutze der Versorgung, einschließlich illustrativer Checklisten
- Ein Verständnis für die Bedeutung von sozialen Medien, Big Data und der Visibility entlang der Supply Chain in der Terrorabwehr
- Eine beispielhafte Auflistung wesentlicher Vorschriften zur Sicherheit der Menschen, Anlagen, Transportmittel und Waren im Supply Chain Ecosystem
- Ein Bild über die Rolle und Verantwortung der einzelnen Beteiligten – bis hin zu Verbrauchern, Vorgesetzten, Kollegen, Nachbarn und Bekannten

© Springer Fachmedien Wiesbaden 2017   45
W. Lehmacher, *Steht unsere Versorgung auf dem Spiel?*, essentials,
DOI 10.1007/978-3-658-14688-7

Literatur

1. http://www.watson.ch/Wissen/Schweiz/982459207-Die-vergessenen-Jahre-des-Terrors–In-den-70ern-und-80ern-zogen-Terroristen-eine-Blutspur-durch-Europa. Zugegriffen: 26. März. 2016
2. http://www.spiegel.de/spiegel/print/d-9223694.html. Zugegriffen: 18. Dez. 2015
3. https://de.wikipedia.org/wiki/Groupe_Islamique_Arm%C3%A9. Zugegriffen: 18. Dez. 2015
4. https://de.wikipedia.org/wiki/Madrider_Zuganschl%C3%A4ge. Zugegriffen: 18. Dez. 2015
5. http://www.theguardian.com/uk/2005/jul/08/terrorism.july74. Zugegriffen: 18. Dez. 2015
6. http://www.welt.de/politik/ausland/article148925180/Zahl-der-Todesopfer-steigt-weltweit-massiv-an.html. Zugegriffen: 12. Dez. 2015
7. http://www.zeit.de/politik/ausland/boko-haram-ueberblick/seite-2 (2008). Zugegriffen: 05. Jan. 2016
8. http://www.sueddeutsche.de/politik/terrororganisation-warum-der-name-daesch-den-islamischen-staat-aergert-1.2745175. Zugegriffen: 13. März 2016
9. http://www.n-tv.de/mediathek/bilderserien/politik/Der-blutige-Aufstieg-des-Islamischen-Staats-article13472381.html. Zugegriffen: 05. Jan. 2016
10. https://de.wikipedia.org/wiki/Russischer_Milit%C3%A4reinsatz_in_Syrien. Zugegriffen: 16. Apr. 2016
11. http://www.n-tv.de/mediathek/bilderserien/politik/Der-blutige-Aufstieg-des-Islamischen-Staats-article13472381.html. Zugegriffen: 05. Jan. 2016
12. http://www.faz.net/aktuell/krieg-in-syrien-frankreich-fliegt-erstmals-luftangriffe-auf-is-miliz-13826380.html. Zugegriffen: 05. Jan. 2016
13. http://www.bnd.bund.de/DE/Themen/Lagebeitraege/IslamistischerTerrorismus/Unterpunkte/JabhatAlNusra_node.html. Zugegriffen: 15. Febr. 2016
14. http://www.bnd.bund.de/DE/Themen/Lagebeitraege/IslamistischerTerrorismus/Unterpunkte/AlShabab_node.html;jsessionid=03321D0698AEF2CC137F91C19D DC88F3.2_cid377. Zugegriffen: 15. Febr. 2016
15. http://www.bild.de/politik/ausland/isis-terroristen/brennendes-kanzleramt-in-isis-propaganda-45121566.bild.html. Zugegriffen: 30. März 2016

© Springer Fachmedien Wiesbaden 2017
W. Lehmacher, *Steht unsere Versorgung auf dem Spiel?*, essentials,
DOI 10.1007/978-3-658-14688-7

16.   https://www.bertelsmann-stiftung.de/fileadmin/files/Projekte/28_Einwanderung_
       und_Vielfalt/Kurzinformation_SVR_Zugang_zu__Aus-_Bildung_fuer_Fluecht-
       linge_20150729.pdf. Zugegriffen: 05. Jan. 2016
17.   http://www.sueddeutsche.de/politik/terror-bnd-gefahr-durch-islamisten-groesser-
       als-je-zuvor-1.2806873. Zugegriffen: 07. Jan. 2016
18.   http://www.gmfus.org/blog/2015/11/16/after-paris-western-unity-ever-more-dif-
       ficult-ever-more-essential#sthash.9Bw6F2AB.dpuf. Zugegriffen: 06. Jan. 2016
19.   https://www.bayernkurier.de/ausland/8823-wachsende-terror-gefahr-fuer-europa.
       Zugegriffen: 05. Jan. 2016
20.   Allianz Risk Barometer (2015) https://www.agcs.allianz.com/assets/PDFs/Reports/
       Allianz-Risk-Barometer-2015_DE.pdf. Zugegriffen: 13. Jan. 2016
21.   https://de.wikipedia.org/wiki/Liste_von_Anschlägen_im_Schienenverkehr.   Zuge-
       griffen: 05. Jan. 2016
22.   http://tribune.com.pk/story/692865/blast-on-jaffar-express-leaves-6-injures-
       20-others/. Zugegriffen: 05. Jan. 2016
23.   http://www.economist.com/blogs/gulliver/2016/02/more-african-problem. Zugegrif-
       fen: 17. Febr. 2016
24.   http://www.taz.de/!5150394/. Zugegriffen: 05. Jan. 2016
25.   http://www.sueddeutsche.de/politik/russisches-flugzeug-kairo-sieht-keinen-hinweis-
       auf-anschlag-bei-flugzeugabsturz-auf-dem-sinai-1.2781759. Zugegriffen: 05. Jan.
       2016
26.   http://www.airliners.de/al-kaida-bekennt-sich-zu-ups-anschlag/22594. Zugegriffen:
       05. Jan. 2016
27.   http://www.zeit.de/politik/ausland/2010-10/jemen-luftfracht-paketbombe. Zugegrif-
       fen: 05. Jan. 2016
28.   Tophoven R (2008) Maritimer Terrorismus – Gefahr auch durch al-Qaida? http://
       www.ims-magazin.de/index.php?p=artikel&id=1255276800,1,gastautor. Zugegrif-
       fen: 05. Jan. 2016
29.   Siebert J Die Ziele des Islamischen Staats: Neue Studie zu den Führungspersonen
       des IS und seinen Anhängern. https://idw-online.de/de/news642209%20. Zugegrif-
       fen: 05. Jan. 2016
30.   http://www.sueddeutsche.de/politik/terror-bnd-gefahr-durch-islamisten-groesser-
       als-je-zuvor-1.2806873. Zugegriffen: 07. Jan. 2016
31.   http://www.faz.net/aktuell/wirtschaft/wirtschaftspolitik/grenzschliessungen-in-
       fluechtlingskrise-waeren-teuer-fuer-europa-14049635.html. Zugegriffen: 11. Febr.
       2016
32.   Bundesministerium für Verkehr und digitale Infrastruktur (Hrsg) (2014) Sicher-
       heitsstrategie für die Güterverkehrs- und Logistikwirtschaft, Oktober 2014, S. 4.
       http://www.bmvi.de/SharedDocs/DE/Publikationen/DG/sicherheitsstrategie.pdf?__
       blob=publicationFile. Zugegriffen: 06. Jan. 2016
33.   Ebd
34.   Simon H (2002) Terrorismus: Bremse des Welthandels. In: Internationale Politik
       6, Juni 2002. Deutsche Gesellschaft für Auswärtige Politik e.V. (DGAP), Berlin,
       S. 17–22. https://zeitschrift-ip.dgap.org/de/ip-die-zeitschrift/archiv/jahrgang-2002/
       juni/terrorismus-bremse-des-welthandels. Zugegriffen: 06. Jan. 2015
35.   Sheffi Y (2002) Supply chains and terrorism, S. 128. http://web.mit.edu/civenv/wtc/
       PDFfiles/Chapter%20VIII%20Supply%20chains%20&%20terrorirsm.pdf.   Zuge-
       griffen: 06. Jan. 2016

36. http://www.tis-gdv.de/tis/tagungen/svt/svt09/huster/inhalt.htm. Zugegriffen: 06. Jan. 2016
37. http://www.prnewswire.com/news-releases/bsis-global-supply-chain-intelligence-report-reveals-2015-top-supply-chain-risks-300240089.html#continue-jump. Zugegriffen: 28. März 2016
38. http://www.n-tv.de/politik/13-52-Minister-Womoeglich-noch-potenzielle-Attentaeter-unterwegs-article17283841.html. Zugegriffen: 28. März 2016
39. Ebd., S. 6 und S. 8
40. AEB und DHBW (Hrsg.) Global Trade Management Agenda 2016, S. 3. http://documents.aeb.com/brochures/de/aeb-gtm-studie-2016.pdf. Zugegriffen: 06. Jan. 2016
41. http://www.agcs.allianz.com/assets/PDFs/Reports/Allianz-Risk-Barometer-2015_Appendix.pdf. Zugegriffen: 12. Jan. 2016
42. http://www.prnewswire.com/news-releases/bsis-global-supply-chain-intelligence-report-reveals-2015-top-supply-chain-risks-300240089.html#continue-jump. Zugegriffen: 28. März 2016
43. PwC (Hrsg) Transportation & Logistics 2013, Bd 4: Securing the supply chain. Freight Transport Association Limited, Kent, S. 12 ff.
44. Spaiser V Neue Kommunikationstechnologien stärken Al-Qaida. http://www.security-explorer.de/20.pdf?tx_ttnews[tt_news]=98&cHash=642b7c2f1a41dc975df143e38e693966. Zugegriffen: 08. Jan. 2016
45. Tophoven R
46. http://www.weforum.org/agenda/2015/12/how-safe-are-our-supply-chains-from-terrorist-attack. Zugegriffen: 12. Jan. 2016
47. Tophoven R
48. Hirschmann K, Tophoven, Rolf Der Dschihad-Terrorismus in der Analyse. https://www.google.de/search?q=%22Der+Dschihad-Terrorismus+in+der+Analyse%22&ie=utf-8&oe=utf-8&gws_rd=cr&ei=YMKTVrCGHon5ywPHsaGAAw. Zugegriffen: 11. Jan. 2016
49. http://www.supplychainbrain.com/content/blogs/think-tank/blog/article/how-technology-is-boosting-risk-levels-at-ports-and-terminals/. Zugegriffen: 11. Apr. 2016
50. Tophoven R
51. http://www.n-tv.de/politik/Terroristen-attackieren-Containerschiff-article11272701.html. Zugegriffen: 08. Jan. 2016
52. Ebd
53. http://www.derwesten.de/waz-info/terroranschlaege-im-duisburger-hafen-id1553094.html. Zugegriffen: 08. Jan. 2016
54. http://www.welt.de/vermischtes/article145159777/Explosionen-in-Erdbebenstaerke-erschuettern-Metropole.html. Zugegriffen: 19. Jan. 2016
55. Deutsche Post DHL (Hrsg) (2016) Insight On: Risk & Resilience. Deutsche Post DHL, Bonn, S. 7
56. http://lab.isn.ethz.ch/service/streamtest.php?id=194184. Zugegriffen: 28. März 2016
57. http://www.abendblatt.de/hamburg/article206991851/Waffenexport-im-Hamburger-Hafen-nimmt-zu.html. Zugegriffen: 01. Febr. 2016
58. http://www.bbc.com/news/world-europe-28357880. Zugegriffen: 28. März 2016

59.   http://www.telegraph.co.uk/finance/newsbysector/transport/10526620/Cyber-terro-
      rism-is-biggest-threat-to-aircraft.html. Zugegriffen: 28. März 2016
60.   http://www.rp-online.de/politik/russland-zugfahrt-wird-zu-todesfahrt-
      aid-1.2282170. Zugegriffen: 07. Jan. 2016
61.   http://www.ukrinform.de/rubric-notstand_notfalle/1830818-anschlag_auf_gterzug_
      in_charkiw_15523.html. Zugegriffen: 07. Jan. 2016
62.   https://www.tagesschau.de/ausland/anschlag-bagdad-101.html.   Zugegriffen: 07.
      Jan. 2016
63.   http://www.polizei-beratung.de/themen-und-tipps/diebstahl-und-einbruch/lkw-und-
      ladungsdiebstahl/fakten.html. Zugegriffen: 11. Apr. 2016
64.   http://theconversation.com/googles-go-victory-shows-ai-thinking-can-be-unpredic-
      table-and-thats-a-concern-56209. Zugegriffen: 28. März 2016
65.   https://www.muenchen.ihk.de/de/international/zoll-und-aussenwirtschaftsrecht/
      zoll-_und_aussenwirtschaftsrecht2/usa-eu-gegenseitige-anerkennung-von-aeo-und-
      c-tpat. Zugegriffen: 27. Jan. 2016
66.   DHL Insight on: Risk & Resilience, S. 9. http://www.dpdhl.com/en/media_rela-
      tions/press_releases/2016/supply_chain_resilience_best_defense_against_growing_
      global_risks.html. Zugegriffen: 29. Febr. 2016
67.   Tophoven R (2015) „Der Terror eskaliert – neue Varianten des militant islamistischen
      Phänomens.   Paris   und   die   Folgen".   http://www.security-explorer.de/index.
      php?id=20&tx_ttnews[tt_news]=192&cHash=05f3cbf288a21483a8eb496ab7
      2ea166. Zugegriffen: 11. Jan. 2016
68.   http://www.welt.de/wirtschaft/article136863126/Diese-Unternehmen-durchleuch-
      ten-ihre-Mitarbeiter.html. Zugegriffen: 07. Jan. 2016
69.   http://www.fr8solutions.com/index.php/de/leistungen-a-loesungen/sichere-liefer-
      kette/eg-sanktionslisten. Zugegriffen: 07. Jan. 2016
70.   http://www.welt.de/wirtschaft/article136863126/Diese-Unternehmen-durchleuch-
      ten-ihre-Mitarbeiter.html. Zugegriffen: 07. Jan. 2016
71.   http://mobile.abc.net.au/news/2016-04-04/airport-industrial-action-suspended-over-
      national-security-fears/7295826. Zugegriffen: 04. Apr. 2016
72.   Müller K-R (2015) Handbuch Unternehmenssicherheit. Springer Vieweg, Wiesbaden,
      S. 385
73.   http://www.sueddeutsche.de/politik/schweiz-maennlich-muslim-arabischer-name-
      gefeuert-1.2826275. Zugegriffen: 21. Jan. 2016
74.   http://www.n24.de/n24/Nachrichten/Auto-Verkehr/d/5509180/buegel-spaltet-truck-
      in-zwei-haelften-.html. Zugegriffen: 28. Jan. 2016
75.   http://www.economist.com/blogs/gulliver/2016/02/more-african-problem. Zugegrif-
      fen: 17. Febr. 2016
76.   http://www.sicherheit.info/SI/cms.nsf/si.ArticlesByDocID/1139198?Open&Sessio
      nID=6388463-105556. Zugegriffen: 27. Jan. 2016
77.   http://www.logwin-logistics.com/de/unternehmen/news/pressemeldungen/detail/
      luftfrachtsicherheit-logwin-nimmt-roentgenscanner-in-betrieb.html. Zugegriffen: 27.
      Jan. 2016
78.   https://www.destatis.de/DE/PresseService/Presse/Pressemitteilungen/2015/02/
      PD15_060_464.html. Zugegriffen: 25. Jan. 2016
79.   http://de.statista.com/statistik/daten/studie/420051/umfrage/fraport-flughaefen-
      cargo/. Zugegriffen: 26. Jan. 2016

80. http://www.fraport.de/content/fraport/de/misc/binaer/nachhaltigkeit/kunden/sicherheitsmanagementsystem/jcr:content.file/fra_sms_de_l01.pdf, S. 4. Zugegriffen: 26. Jan. 2016
81. http://www.sicherheit.info/SI/cms.nsf/si.ArticlesByDocID/1138295?Open&SessionID=6388463-105556. Zugegriffen: 27. Jan. 2016
82. http://dpolg-bpolg.de/wp/?p=7175. Zugegriffen: 15. Jan. 2016
83. http://www.welt.de/politik/deutschland/article150566435/EU-Geheimdienste-richten-Terror-Abwehr-Zentrum-ein.html. Zugegriffen: 07. Jan. 2016
84. http://www.nzz.ch/meinung/kommentare/zielkonflikte-in-der-terrorabwehr-1.18667388. Zugegriffen: 15. Jan. 2016
85. http://www.trucker.de/frachtdiebstahl-nimmt-zu-1278263.html. Zugegriffen: 15. Febr. 2016
86. DHL Insight on: Risk & Resilience, 2016, S. 20
87. http://www.abendblatt.de/hamburg/article106831210/Terror-Gefahr-Wird-der-Hafen-Sperrgebiet.html. Zugegriffen: 25. Jan. 2016
88. http://www.hamburg.de/polizei/wsp031-np/. Zugegriffen: 28. Jan. 2016
89. http://www.abendblatt.de/hamburg/article106821442/Gegen-Terror-Hafen-ruestet-auf.html. Zugegriffen: 26. Jan. 2016
90. http://www.bremische-buergerschaft.de/drs_abo/Drs-17-921_4e4.pdf. Zugegriffen: 17. Febr. 2016
91. http://www.bwvl.de/usa-verschiebt-containerscannung-1367650.html. Zugegriffen: 17. Febr. 2016
92. https://hhla.de/de/kunden/sicherheit.html. Zugegriffen: 27. Jan. 2016
93. http://www.hafen-hamburg.de/de/news/so-gelingt-end-to-end-supply-chain-visibility-in-der-cloud—34438. Zugegriffen: 25. Jan. 2016
94. https://de.wikipedia.org/wiki/Internet_der_Dinge. Zugegriffen: 28. März 2016
95. https://en.wikipedia.org/wiki/Malaysia_Airlines_Flight_370. Zugegriffen: 28. März 2016
96. http://www.ibmbigdatahub.com/blog/what-cognitive-iot#st_refDomain=t.co&st_refQuery=/NAHEvgIKjb. Zugegriffen: 28. März 2016
97. https://en.wikipedia.org/wiki/Predictive_analytics. Zugegriffen: 28. März 2016
98. http://www.verkehrsrundschau.de/pilotversuch-maersk-versorgt-schiffe-mit-drohnen-1774246.html. Zugegriffen: 28. März 2016
99. https://www.verfassungsschutz.de/de/arbeitsfelder/af-islamismus-und-islamistischer-terrorismus/gemeinsames-terrorismusabwehrzentrum-gtaz. Zugegriffen: 15. Febr. 2016
100. http://www.extremus.de/index.php/produkte/unser-partner-im-ausland. Zugegriffen: 28. Jan. 2016
101. http://www.tagesspiegel.de/wirtschaft/experten-warnen-wachsende-sicherheitsrisiken-fuer-die-wirtschaft/12806466.html. Zugegriffen: 08. Jan. 2016
102. http://www.deutsche-flagge.de/de/sicherheit/isps/gefahrenabwehrplan-dokumente-und-zeugnisse. Zugegriffen: 21. Jan. 2016
103. http://www.brd.nrw.de/ordnung_gefahrenabwehr/hafensicherheit/service/EU_72504.pdf. Zugegriffen: 28. März 2016

104.   http://www.brd.nrw.de/ordnung_gefahrenabwehr/hafensicherheit/service/Text_
       Hafensicherheitsrichtlinie.pdf. Zugegriffen: 28. März 2016
105.   http://lab.isn.ethz.ch/service/streamtest.php?id=194184.   Zugegriffen: 28.   März
       2016
106.   http://www.tis-gdv.de/tis/tagungen/svt/svt09/huster/inhalt.htm. Zugegriffen: 22. Jan.
       2016
107.   http://www.auswaertiges-amt.de/EN/Infoservice/Presse/Meldungen/2015/150415_
       G7_Maritime_Security.html?nn=683456. Zugegriffen: 28. März 2016
108.   http://www.tis-gdv.de/tis/tagungen/svt/svt09/huster/inhalt.htm. Zugegriffen: 22. Jan.
       2016
109.   Ebd
110.   https://www.dnvgl.de/services/zertifizierung-nach-den-tapa-standards-4345.   Zuge-
       griffen: 22. Jan. 2016
111.   https://www.verfassungsschutz.de/de/arbeitsfelder/af-islamismus-und-islamisti-
       scher-terrorismus/gemeinsames-internetzentrum-giz. Zugegriffen: 15. Febr. 2016
112.   https://news.siteintelgroup.com/. Zugegriffen: 28. Jan. 2016
113.   Spaiser V Neue Kommunikationstechniken stärken Al-Qaida, S. 5. http://www.secu-
       rity-explorer.de/20.pdf?tx_ttnews[tt_news]=98&cHash=642b7c2f1a41dc975df143
       e38e693966. Zugegriffen: 28. Jan. 2016
114.   Spaiser, Ebd
115.   http://www.afp.com/de/nachrichten/eu-nachrichtendienste-wollen-informationsaus-
       tausch-beschleunigen. Zugegriffen: 15. Febr. 2016
116.   https://de.wikipedia.org/wiki/Europol. Zugegriffen: 16. Febr. 2016
117.   Ebd
118.   http://www.t-online.de/nachrichten/id_72557370/eu-zusammenarbeit-mit-arabi-
       schen-staaten-zur-terrorabwehr.html. Zugegriffen: 16. Febr. 2016
119.   http://www.aon.com/2016politicalriskmap/. Zugegriffen: 28. März 2016
120.   http://www.sueddeutsche.de/politik/panama-papers-briefkastenfirmen-helfen-bei-
       assads-krieg-1.2935675. Zugegriffen: 11. Apr. 2016
121.   http://www.spiegel.de/netzwelt/netzpolitik/apple-und-fbi-michael-hayden-ist-gegen-
       hintertueren-a-1078616.html. Zugegriffen: 28. März 2016
122.   http://www.faz.net/aktuell/feuilleton/medien/apple-und-das-fbi-wir-sind-umstellt-
       von-trojanern-14094065.html. Zugegriffen: 28. März 2016
123.   http://www.verkehrsrundschau.de/britische-spediteure-und-versender-klagen-ueber-
       zusatzkosten-durch-fluechtlingskrise-1723809.html?fromSearch=true. Zugegriffen:
       21. Jan. 2016
124.   http://www.verkehrsrundschau.de/aussenhandel-warnt-vor-schaeden-bei-dauerhaf-
       ten-grenzkontrollen-1745257.html. Zugegriffen: 22. Jan. 2016
125.   http://www.n-tv.de/politik/Experten-warnen-vor-Grenzschliessungen-
       article16819381.html. Zugegriffen: 21. Jan. 2016
126.   http://www.schmuggelkippe.de/#footer. Zugegriffen: 29. Febr. 2016

Zum Weiterlesen

127. Lehmacher W (2015) Globale Supply Chain: Technischer Fortschritt, Transformation und Circular Economy. Springer Gabler, Wiesbaden
128. Lehmacher W (2015) Logistik im Zeichen der Urbanisierung. Versorgung von Stadt und Land im digitalen und mobilen Zeitalter. Springer Gabler, Wiesbaden
129. Lehmacher W (2013) Wie Logistik unser Leben prägt. Der Wertbeitrag logistischer Dienstleistungen für Wirtschaft und Gesellschaft. Springer Gabler, Wiesbaden
130. Roell P (2015) The European union and its counter-terrorism strategies. ISPSW, Berlin
131. PwC (Hrsg) (2011) Transportation & Logistics 2030, Bd. 4: Securing the supply chain.
132. Sheffi Y (2001) Supply chain management under the threat of international terrorism. The International Journal of Logistics Management 12(2):1–11
133. Tophoven R. (2016) Der Terror eskaliert – neue Varianten des militant islamistischen Phänomens. Paris und die Folgen. http://www.security-explorer.de. Zugegriffen: 11. Jan. 2016.
134. Tophoven R (2016) Maritimer Terrorismus – Gefahr auch durch al-Qaida? http://www.ims-magazin.de. Zugegriffen: 05. Jan. 2016.
135. von Lossow T (2015) Wasser als Waffe: Der IS an Euphrat und Tigris. Stiftung Wissenschaft und Politik, Berlin

Stichwortverzeichnis

© Springer Fachmedien Wiesbaden 2017
W. Lehmacher, *Steht unsere Versorgung auf dem Spiel?*, essentials,
DOI 10.1007/978-3-658-14688-7

Lesen Sie hier weiter

Printed in the United States
By Bookmasters